Marketing de Afiliados

El Método Infalible para Generar $10,000/mes. Haga una Fortuna Anunciando los Productos de Otras Personas en las Redes Sociales con este Sistema Seguro Contra "Incendios".

Por

Ronald Robert

Tabla de Contenido

Capítulo 1 10
  ¿Qué es el marketing de afiliados? 10
  Modelo de negocio 11
  ¿Quiénes son los principales actores? 11
  El Comerciante: 12
  El afiliado: 13
  El Consumidor: 14
  La Red: 15
  Métodos de compensación 16
    Pago por clic y por impresión 16
    Pago por cliente potencial (PPL) 17
    Pago por Venta (PPS) 17
  Pago por clic (PPC) 18
  Pago por impresión (PPI) 18
  ¿Qué modelo de compensación es el mejor para los marketers? 19
  ¿Se pueden combinar las opciones de compensación? . 20
  Regalos 20
    Referir nuevos afiliados 21
    Múltiples niveles de recompensa 21
    Reparto de ingresos 22
    Cuota fija 22
  Compensación a través de consejos o regalos 22
  ¿Qué quieren los comerciantes de los afiliados? 23
Capítulo 2 25
  ¿Qué es una Red de Afiliados? 25

Por qué existen 26
Cómo funciona el sistema.................................. 27
Afiliados 28
Pagos 28
Redes 29
Gestión 29
Consejos para que su programa de afiliados se destaque 30
Asegúrese de que sus socios estén bien atendidos 32
Cómo crear su primer sitio web de marketing de afiliados de acuerdo al presupuesto?................ 32
Elija el Host 36
   Mejora de su sitio web de marketing de afiliados 38

Capítulo 3 41
Cómo elegir la mejor Red: 41
Cómo elegir el mejor programa de marketing de afiliados. 49
   Encuentre las ofertas en el nicho que ha elegido con la mejor compensación 49
   ¿Esa oferta se está vendiendo bien? 50
   Compruebe si la página de ventas que el comerciante ha proporcionado está bien hecha y funciona. 51
Cómo iniciar su negocio de afiliados 51
   Proceso de solicitud 53

Capítulo 4 58
¿Cómo puedo promocionar un producto/servicio que no conozco? 58
   1. Escribir artículos de opinión 58
   2. Escribir artículos de comparación de productos 61

Capítulo 5 63

3

Cómo conseguir tráfico 63
¿Qué es la fuente de tráfico? 63
¿Qué sucede si usted es un comprador de medios? ... 63
¿Qué debe tener en cuenta al elegir una fuente de tráfico? 63
Canales de Social Media Marketing 68
1. Utilice la red social adecuada. 69
2. Cree el contenido adecuado en el momento adecuado. 70
3. Construya su red. 71
Facebook/Instagram Ads 71
Plataformas de publicidad Native Ads 73
Anuncios de SnapChat.. 76
Tráfico orgánico 77
Creación de un canal de YouTube................................. 77
Formas de utilizar los anuncios de YouTube 80
Capítulo Seis 84
Construcción de un sitio web y optimizarlo con técnicas de SEO 84
Capítulo 7 88
Creación de su lista de correo electrónico 88
Creación de listas de correo electrónico de marketing 90
Gana dinero con una lista de correo electrónico......... 91
Crea un iman de contactos (leads) 93
¿Como es un buen imán de contactos? 94
¿El imán de contactos resolverá un problema? 94
¿Es valioso su imán de contactos? 95
¿El imán de contactos está relacionado con su sitio? 96
¿El imán de contactos resulta apetitoso? 96

¿Es único su imán de contactos? 96
¿El imán de contactos realmente funciona? 96
Tipos de imanes de contactos 97

Capítulo 8 101
Cómo crear una página de destino (landing page) que convierte 101
Cómo funcionan las página de destino 101
Proveedores de Páginas de Destino 104
Cómo crear una página de destino 105
Cómo vincular su página de destino a los anuncios de Google Ads 108
Cómo vincular su página de destino a los anuncios de Facebook Ads? 108
Cómo editar un anuncio antiguo de Facebook Ads o crear uno nuevo. 109

Capítulo 9 115
Los mejores nichos del marketing de afiliados 115
Salud y buen estado físico 115
Programas de Afiliados de la Salud 117
Nichos de la riqueza 119
- ☐ Online Jobs, ... 120
- ☐ Como hacer dinero siendo un blogger principiante, 120
- ☐ Amazon FBA, ... 120
- ☐ Backyard Chicken, ... 120
- ☐ 3D Printing, ... 120
- ☐ Desarrollador de Aplicaciones, ... 120
- ☐ Senior living, ... 120
- ☐ House Sitting, y asi sucesivamente 120

Programas de Afiliados de Riqueza 120

- Romance y Nichos de Citas 122
  - ☐ Finding love 123
  - ☐ Senior Dating 123
  - ☐ General Dating 123
  - ☐ Picking Up Women 123
  - ☐ Building A Better Relationship, y mucho mas. ...123
- Programas de Afiliados del Romance 123
- Nichos de videojuegos 125

Capítulo 10 127
- Empresas de nivel bajo vs empresas de nivel alto en el Marketing de Afiliados 127
- Marketing de afiliados de alto nivel 128
  - ¿Cómo funciona? 128
  - Cómo tener éxito con las empresas de nivel alto en el Marketing de Afiliados 129

Capítulo Once 130
- Errores comunes realizados por los vendedores afiliados 130

Capítulo 12 134
- Ventajas del marketing de afiliados 134
- Desventajas del Marketing de Afiliados 137
  - Los clientes no son tuyos 137

Capítulo 13 138
- Los mejores programas de marketing de afiliados 138
  - Ventana de Afiliados - (AWIN) 138
  - Tradedoubler 138
  - SEMRush 138
  - Perfilador de URL 139
  - Shopify 139
  - ClickFunnels 140

Sendible 140
Linkconnector 140
Avangate 141
Peerfly 141
Warriorplus 142
Skimlinks 143
Target Affiliates 143
ClickBank 144
JVzoo 145
Rakuten 145
Viglink 146
Flex Offers 146
CJ Affiliate 147
MaxBounty 147
Shareasale 148

Conclusión 149
Referencias 150

Copyright 2019 por Ronald Roberts - Todos los derechos reservados.

El siguiente libro electrónico se reproduce a continuación con el objetivo de proporcionar información lo más precisa y confiable posible. En cualquier caso, la compra de este libro electrónico puede considerarse como un consentimiento para el hecho de que tanto el editor como el autor de este libro no son expertos en los temas tratados y que las recomendaciones o sugerencias que se hacen aquí son solo para fines de entretenimiento. Los profesionales deben ser consultados según sea necesario antes de emprender cualquiera de las acciones aquí mencionadas.

Esta declaración se considera justa y válida tanto por la American Bar Association como por el Comité de la Asociación de Editores y es legalmente vinculante en todos los Estados Unidos. Además, la transmisión, duplicación o reproducción de cualquiera de los siguientes trabajos, incluida información específica, se considerará un acto ilegal independientemente de si se realiza de forma electrónica o impresa. Esto se extiende a la creación de una copia secundaria o terciaria del trabajo o una copia grabada y solo se permite con un consentimiento expreso por escrito del Editor. Todos los derechos adicionales reservados.

La información en las siguientes páginas se considera, en términos generales, como una descripción veraz y precisa de los hechos, y como tal, cualquier desatención, uso o mal uso de la información en cuestión por parte del lector hará que las acciones resultantes sean únicamente de su competencia. No hay escenarios en los que el editor o el autor original de este trabajo puedan ser considerados responsables de cualquier dificultad o daño que pueda ocurrirles después de realizar la información aquí descrita.

Además, la información en las siguientes páginas está destinada únicamente a fines informativos y, por lo tanto, debe considerarse como universal. Como corresponde a su naturaleza, se presenta sin garantía con respecto a su validez prolongada o calidad provisional. Las mención de las marcas comerciales en este libro se realizan sin consentimiento por escrito y de ninguna manera pueden considerarse un respaldo del titular de la marca comercial

Capítulo 1

¿Qué es el marketing de afiliados?

Cuando hablamos de ingresos pasivos, muchos de nosotros pensamos en el marketing de afiliados. Mucha gente comenzó a ganar a través de Internet utilizando diferentes herramientas, pero el marketing de afiliados es uno que se destaca.

Básicamente el marketing de afiliados es cuando usted anuncia los productos de los demás a través de una red de afiliados. Una vez que se realiza una tarea, sobre todo una compra, se le da una comisión. El marketing de afiliados actual depende de la distribución de los ingresos, a diferencia de lo que ocurría antes. Hay diferentes partes en la transacción. La persona que posee el producto y quiere mejorar las ventas se llama el comerciante. El comerciante puede decidir ejecutar un programa interno de marketing de afiliados, donde paga directamente a los afiliados que promueven sus productos, lo que conduce a una venta. El comerciante también puede subcontratar el servicio y entregarlo a una red de afiliados para que lo gestione.

Si, por otro lado, usted no es el propietario del producto, pero aún así quiere ganar, puede optar por el marketing de afiliados. Lo que usted hace es anunciar el producto, y usted obtiene un ingreso del comerciante por cada venta que se realiza a través de usted.

Se puede decir que el marketing de afiliados es el acto de obtener un ingreso por la promoción de los productos de los demás. Es así de simple.

Lo que usted hace es buscar ese producto que le gusta y si tiene una buena reputación, anunciarlo a otros, y ganar cuando ellos compran.

Modelo de negocio

Como modelo de negocio, casi no existe ninguna persona que haya hecho dinero online que no haya utilizado el marketing de afiliados. Hay un montón de gente que comenzó con el marketing de afiliados, se expandió e hizo mucho dinero con él.

Cuando se hace bien, es muy rentable y tiene muchos beneficios. Aunque puede ser rentable, no tiene un modelo de negocio de hacerse rico de la noche a la manana.

Cuando se analiza el marketing de afiliados, en realidad es muy fácil de hacer, una vez que se aprenden los principios. Fundamentalmente, el marketing de afiliados significa registrarse en una red y promocionar sus productos.

Una vez que una persona compra el artículo o realiza la tarea asignada, se le paga. La cantidad que se le paga generalmente pertenece al presupuesto de marketing de la empresa que usted promovió.

Algunos programas de afiliados pagan mucho tiempo después de que se ha hecho la compra. Se llaman re-facturas. Hay algunos que pagan inmediatamente después de la venta. Para los primeros, no se pueden vender fácilmente, pero una vez que los domines, tus cheques de pago valdrán la pena.

¿Quiénes son los principales actores?

En el negocio del marketing de afiliados, hay cuatro partes. Podemos verlo desde otro ángulo. Cuando observamos el uso de la perspectiva de marketing real, tendemos a notar que hay dos partes: el creador del producto o el vendedor, así como el socio afiliado. Lo que sucede es que el vendedor o creador del producto quiere que sus ventas mejoren, por lo que está dispuesto a pagar a los socios afiliados o vendedores para que esto sea posible. Hay un acuerdo de reparto de ingresos que es firmado por ambas partes.

Vamos a analizar cada parte del sistema de marketing de afiliados.

El Comerciante:

El comerciante suele ser la marca, o el vendedor que tiene el producto. El comerciante puede ser una persona o una empresa; de cualquier manera, tienen productos o servicios que quieren vender. El comerciante es el que ha creado el producto y quiere tener una gran cuota de mercado para él.

El comerciante puede ser una persona que está vendiendo un curso de arquitectura online. Podría ser una gran empresa como Amazon que vende muchos productos. Una gran cantidad de programas de marketing de afiliados de éxito por lo general tienen una mezcla de empresas de nueva creación, empresarios individuales y grandes conglomerados. Muchos comerciantes tienen su programa de afiliados que operan ellos mismos. Ellos sacan una cantidad de dinero que está bajo su presupuesto de mercadeo para el programa. Algunos otros comerciantes pueden decidir subcontratarlo a una red de afiliados que hace todo el trabajo por ellos.

El comerciante es el que paga a la red de afiliados, si la subcontrata, o a el afiliado si es un proceso interno. El comerciante suele escribir la acción que tiene que ser realizada por los visitantes que fueron referidos por el afiliado. La acción principal es comprar. Si se realiza una compra, el comerciante paga al afiliado que refirió al cliente. Muchos comerciantes hacen los pagos una vez, lo que significa que si el cliente vuelve a visitar el sitio después de la compra inicial para hacer otra, el comerciante no pagará al afiliado por ello. Algunos comerciantes pueden decidir no hacerlo una sola vez.

Mientras el cliente siga haciendo una compra, se le pagará al afiliado. El primero es el más común en la industria.

Muchos comerciantes ofrecen un modelo de reparto de ingresos. Le dan al afiliado o a la red de afiliados un porcentaje de los ingresos obtenidos de la venta. Algunos otros comerciantes pueden decidir pagar una cuota fija una vez que se ha completado una tarea. El primero se utiliza con más frecuencia que el segundo.

El afiliado:

El afiliado también puede ser llamado el editor. Como comerciante, el afiliado puede ser un individuo o una compañía. La cantidad de dinero que gana un afiliado depende del nicho, y cuánto ha puesto en marcha. Algunos afiliados ganan tan poco como un par de cientos mensualmente. En otros casos hasta decenas de millones de dólares mensuales. Sí, lo has leído bien.

Antes de que ganes esos millones, tienes que invertir mucho tiempo y esfuerzo en el negocio. Muchos afiliados logran esto mediante la publicación de contenido atractivo.

Lo que hace un afiliado es promocionar los productos de un comerciante de una manera para conseguir prospectos para ver los productos como dignos de su dinero.

Esto se puede hacer ejecutando un blog con contenido atractivo que atraiga el tráfico, a la promoción de productos que están relacionados con su nicho. Digamos que tienes un blog tecnológico, en el que hablas de gadgets tecnológicos geniales.

Usted puede fácilmente promover los gadgets de una empresa y conseguir que sus lectores hagan compras. Una vez que se realizan, se le paga.

Es aconsejable que como afiliado sólo vendas las cosas relacionadas con el nicho de tu blog. Vender artículos de bebé a los lectores de un blog de ciclismo extremo es una pérdida de tiempo. Pocos lectores que tienen niños pueden estar interesados, pero lo estarán en un minuto. Los artículos de bebé tendrán éxito si son promovidos en el blog de Parenthood.

El Consumidor:

Esta parte es una de las más importantes del sistema. Podemos decir que es el sol, mientras que los otros partidos giran en torno a él y no nos equivocaremos. Si no se realizan ventas, entonces no hay comisión. Si no se realizan ventas, no se generan ingresos. Esto significa que el comerciante, la red de afiliados y el afiliado están perdiendo el tiempo.

El cliente determina si se realizarán ventas, ingresos y comisiones. Lo que el afiliado hace es convencer al cliente para que pruebe el producto del comerciante. Hacen uso de muchos canales para llegar a los clientes potenciales. Podría ser a través de su sitio web o páginas de medios sociales. Algunos toman una muesca más alta usando carteleras digitales. Cualquiera que sea la forma en que se utilice, siempre y cuando la venta sea hecha por el cliente, el afiliado y el comerciante se beneficien.

No es bajo coacción que un cliente sepa que el sitio web es parte de un programa de afiliados, aunque algunos países pueden hacerlo obligatorio.

Aquellos afiliados que deciden decirle a sus clientes, lo hacen para parecer mucho más transparentes. Quieren que sus clientes sepan que ganan con las ventas. Otros no se molestan en alertar a sus clientes de esto.

No se espera que el cliente pague más porque utilizó un vendedor afiliado para hacer la compra. ¿Por qué es así? El precio al por menor de ese producto o servicio ya tiene la comisión del vendedor afiliado.

La Red:

Como se mencionó anteriormente, un comerciante puede decidir externalizar el marketing de afiliados, y cuando lo hace, utiliza una red de afiliados.

La red de afiliados es el intermediario que trabaja entre el comerciante y el afiliado.

Si el comerciante decide que no quiere gestionar su programa de afiliados, emplea los servicios de una red de afiliados. La red de afiliados administra el programa y las fuentes de afiliados. Cuando se realiza una venta, el comerciante paga a la red de afiliados, que saca su comisión y paga al vendedor afiliado.

Hay muchas redes de afiliados disponibles, y una de las más populares es ClickBank. Una vez que un comerciante subcontrata su programa de afiliados, demuestra que es serio al respecto. Cuando un comerciante subcontrata su programa de afiliados, los afiliados deben utilizar la red de afiliados antes de poder promocionar los productos.

Las redes de afiliados por lo general no atienden a un solo comerciante. Tiene muchos comerciantes, por los que los afiliados pueden optar. Mientras que un cliente de sitios web de afiliados visita al comerciante, la red de afiliados utiliza cookies para rastrear el éxito del cliente. Si la compra se realiza, la red de afiliados lo conoce y paga al afiliado.

Métodos de compensación

En el mundo del marketing de afiliados, los programas de afiliación utilizan diferentes métodos de compensación. Un gran porcentaje de los programas de afiliados actuales optan por el método de participación en los ingresos, mientras que los demás prefieren el método de costo por acción.

Pago por clic y por impresión

Alguna vez, estos fueron los métodos de compensación que sacudieron el mundo del marketing de afiliados. Entonces, todo lo que tenían que hacer los visitantes era hacer clic en un anuncio, y se les pagaría; pero todo eso ha cambiado. Ahora, el marketing de afiliados es utilizada por menos del uno por ciento de los programas de afiliados porque no se ha considerado eficaz. Un visitante puede hacer clic en un anuncio, y no hacer una compra o llevar a cabo la tarea necesaria, y no sería justo para el comerciante. El comerciante tenía que pagar incluso cuando las ventas no se hacían. Podemos decir que el pago por impresión y el pago por clic tienen métodos de compensación muy disminuidos.

Para el pago por impresión o CPM, todo lo que el editor o afiliado tenía que hacer era subir el anuncio a su sitio web para que los visitantes lo vieran, y se le pagaba por ello. El pago por clic o CPC tomaba una muesca al pagar cuando el visitante hacía clic en el anuncio cargado.

A continuación se presentan los principales tipos de métodos de compensación a los que se puede tener acceso:

Pago por cliente potencial (PPL)

A muchas empresas les encantan los prospectos y están dispuestas a pagar a los editores por ellos. El pago por cliente potencial cae bajo el método de compensación pago por acción.

Las tarifas de este tipo de compensación, al igual que cualquier otro método de compensación, varían de un anunciante a otro. Por lo general, un afiliado podría ganar tan poco como $2 o tanto como $30, o incluso más por un anuncio. La industria que utiliza mucho esto son los que están en los servicios de suscripción, especialmente las redes de telefonía celular.

Pago por Venta (PPS)

Este tipo de método de compensación se produce cuando se realiza una venta. La comisión que se le da al afiliado cuando se realiza una venta suele ser un porcentaje del precio del producto.

La cantidad pagada en virtud del PPS puede diferir de una empresa a otra. Según la experiencia, se dice que la tasa de compensación de este método es más alta que el resto.

No todas las ventas vienen con una gran comisión. Digamos que se vendió un libro electrónico por valor de 3 dólares, y el afiliado gana un 6% de comisión, esto no es mucho. Digamos que se vendió una cámara de $2.000, y se ofreció el mismo porcentaje de la comisión, ello conduciría a una comisión más grande.

Este tipo de modelo de compensación es muy querido por los afiliados, ya que les ofrece la oportunidad de ganar más.

Con los grandes ingresos viene el esfuerzo y el tiempo invertido.

Pago por clic (PPC)

Este solía ser un pilar del mundo del marketing de afiliados, pero todo eso cambió con la invención de todo lo demás. No hay casi ningún vendedor que no haya ganado con la publicidad PPC, donde los afiliados son pagados una vez que se hace clic en los anuncios de PPC que incorporaron en sus sitios web.

Mucha gente usa anuncios PPC para monetizar sus sitios web o aplicaciones. Una vez que una persona hace clic en los anuncios PPC instalados, los vendedores afiliados ganan. Una cosa acerca de esto es que el vendedor del afiliado no ganará mucho, y la tasa es por lo general de unos pocos centavos.

Todavía hay algunos nichos de mercado competitivos que pagan mucho más. Para que alguien tenga éxito usando anuncios PPC, debe tener mucho tráfico.

Pago por impresión (PPI)

Estos anuncios son excelentes como anuncios de texto, así como anuncios display. Están diseñados para crear ingresos para el editor en función del número de personas que pueden ver los anuncios. Para el anunciante, esto también se llama el CPM - Costo por Mil. Esto se traduce en muchas impresiones.

Esto tiene tasas similares con el PPC, ya que se dice que es extremadamente bajo cuando se lo compara con otros tipos de modelos de compensación que existen. Antes de que uno pueda obtener los ingresos necesarios, debe tener una gran cantidad de tráfico en el sitio.

¿Qué modelo de compensación es el mejor para los marketers?

Una vez que haya terminado con las descripciones, hay una gran probabilidad de que sienta que el PPS y el PPL son los mejores. ¿Por qué no lo serían para ti si te permiten ganar mucho dinero?

Antes de empezar a saltar a la luna, es importante saber que antes de poder realizar el PPS y PPL, hay otros factores a considerar.

El PPS y el PPL no se pueden lograr en un día; toma mucho tiempo y esfuerzo.

Para que los anuncios de PPC o PPI se añadan a su sitio web, necesita tener el código correcto insertado. Una vez que su aplicación o sitio web tiene el tráfico necesario, los ingresos comienzan a fluir.

Cuando miras el PPS y el PPL, tienes que convencer al visitante de que compre un producto; si no, no ganas.

Esto implica invertir mucho tiempo, tratando de convencer al cliente de que la marca del comerciante es la mejor del mercado. Tienes que invertir en grandes contenidos, y llegar al punto en que la gente confíe en tu opinión. Mucha gente ve esta forma de marketing como una de tiempo parcial o como una de tiempo completo. En el caso de sus contrapartes, PPC y PPI, usted gana mientras duerme.

Cuando mucha gente habla del marketing de afiliados, sus mentes suelen vagar por el PPA, PPL y PPS porque son muy lucrativos.

Antes de que usted se decida por cualquier modelo de compensación, hay algunas preguntas que usted debe hacerse.

- ¿Puede crear contenido que pueda ser monetizado?
- ¿Tiene tiempo para invertir en actividades de marketing online?

Si usted cae en los que no tienen el tiempo para comercializar o crear contenido, debe considerar la posibilidad de optar por los anuncios PPI o PPC. Todo lo que necesitan es un gran tráfico, y puedes ganar mucho dinero. En cuanto al resto, es necesario invertir mucho tiempo y esfuerzo en la creación de contenido y marketing.

¿Se pueden combinar las opciones de compensación?

La respuesta a esto es, sí. Ninguna ley en el marketing de afiliados establece que usted tiene que centrarse en un solo modelo de compensación. Una gran cantidad de vendedores inteligentes del marketing de afiliados combina todos o algunos sobre la base de sus estrategias. Si usted puede manejar todo en la medida en que puede ganar una cantidad considerable, debe considerar ir a por ellos. Si no puede, puede optar por los que hacen el truco por ti.

Regalos

Hay diferentes maneras que un afiliado se beneficia de conducir su tráfico al sitio web de los comerciantes y convencerlos de hacer compras. Uno de ellos es el regalo. Hay muchos comerciantes que pagan a sus afiliados a través de regalos. Muchos de estos comerciantes tienen un umbral para un número de visitantes que un afiliado en particular introducirá, y una vez que el umbral llega al afiliado se le da un regalo. A veces, el regalo se combina con dinero. Otras veces, puede que no. Los regalos podrían incluir lo que el comerciante vende. Como una forma de apreciar el trabajo que el afiliado ha hecho, el comerciante puede dar al afiliado un cupón que podría utilizar en su sitio para hacer compras de hasta una cierta cantidad.

Referir nuevos afiliados
No todos los programas de afiliados vienen con esta característica, pero es posible tropezar con uno que le recompensa por introducir referencias al programa de afiliados.

Muchos de ellos tienen un sistema de varios niveles, que permite a sus afiliados introducir nuevos afiliados y ganar dinero con ellos. Para el programa de afiliados o redes, esta es una manera impresionante de conseguir afiliados profesionales para introducir nuevos afiliados. Cuantos más afiliados haya exhibido una empresa sus productos, más dinero recibirá.

Muchos de estos programas de afiliados tienen varios niveles/sistema de seguimiento de afiliados de varios niveles con múltiples cantidades de subniveles. Esto significa que uno puede avanzar continuamente sin estrés. Todo lo que tiene que hacer es introducir nuevos afiliados.

Múltiples niveles de recompensa
Como una forma de ingreso, los programas de afiliados que promueven la captación de referidos ofrecen incentivos a los afiliados existentes que llevan a cabo dicha tarea. A medida que los afiliados suben en la escala, en función del número de personas que han reclutado, así como de las referencias de las personas que han reclutado, aumentan, se les paga en base al sistema de múltiples niveles. Esta es otra manera que algunos vendedores han utilizado para ganar dinero, aparte de tener a los visitantes de su sitio web comprando los productos de un comerciante.

Reparto de ingresos

El tipo común de compensación en el mundo del marketing de afiliados es la distribución de los ingresos. En el pasado, era común pagar una cuota fija, pero todo eso ha cambiado, hasta cierto punto.

Cuando el afiliado consigue que sus visitantes visiten el sitio web de un comerciante, y hagan una compra o realicen una tarea, el comerciante paga al afiliado un porcentaje acordado de los ingresos. Esto ha ayudado a anular la opción de pago por clic que antes se usaba mucho, donde los afiliados recibían su pago una vez que los visitantes hacían clic en un anuncio. Entonces, el visitante no tenía que comprar nada, todo lo que tenía que hacer era hacer clic en el anuncio, y el afiliado sería pagado.

Cuota fija

Esta es otra forma de pago a los afiliados. Con la tarifa fija, el afiliado recibe una cantidad fija una vez que una tarea es llevada a cabo por los referidos al sitio web del comerciante. Por lo general, todo lo que el cliente tenía que hacer era hacer clic en un anuncio, y al afiliado se le pagaba una cantidad fija. Muchos comerciantes ahora prefieren compartir los ingresos, donde un porcentaje sería compartido.

Compensación a través de consejos o regalos

Si a un afiliado no se le paga mediante dinero o regalos, o ambos, a veces, se le puede pagar mediante asesoramiento gratuito. Esto no es tan común como las otras opciones listadas. Digamos que un afiliado refirió a sus visitantes a un sitio web que ofrece servicios financieros. El comerciante, que es la empresa financiera, puede decidir dar el pago en forma de asesoramiento gratuito que habría costado dinero si el afiliado hubiera decidido tomar el servicio. El pago de un programa de afiliados se indica normalmente, lo que le permite decidir si desea promocionar el producto o llevar su negocio a otro lugar.

¿Qué quieren los comerciantes de los afiliados?

Con el mundo competitivo en el que vivimos, los comerciantes siempre están buscando afiliados. Uno pensaría que Amazon, una gran empresa que tiene al mundo de la venta al por menor en sus manos, no necesitará un programa de afiliados. Es todo lo contrario, ya que Amazon tiene un gran programa de afiliados que ofrece incentivos a sus socios afiliados.

Los comerciantes siempre necesitarán afiliados. ¿Por qué siempre necesitan afiliados?

Los vendedores del afiliado son aquellos que trabajan online y ganan sobre la base de su rendimiento.

La razón por la que los comerciantes están cayendo sobre los afiliados es por el tráfico objetivo que envían a su camino. Esto significa que los comerciantes tienen acceso a un montón de clientes que llevan a cabo tareas específicas.

Sólo muy pocos afiliados promocionan a un solo comerciante, ya que es común verlos promocionar a una miríada de comerciantes de muchas industrias.

Muchos comerciantes utilizan sistemas de seguimiento eficaces para analizar si están obteniendo beneficios de su presupuesto de marketing. Si no, pueden seguir adelante para alterar su gasto y obtener el retorno de la inversión deseado.

Los afiliados hacen uso de diferentes tipos de medios para promover a los comerciantes, y lo hacen en:

1. Sitios de fidelización
2. Listas de correo
3. Contenidos y sitios nicho
4. Sitios web personales
5. Comparadores de compras
6. Buscando afiliados.

La promoción es lo que los comerciantes buscan debido al aumento de las ventas y los ingresos que pueden obtener.

Es una situación de ganar-ganar para ambas partes, ya que la comercialización del afiliado vino como un medio para que los afiliados ganen dinero. Los comerciantes pagan el dinero, que es parte del presupuesto de marketing, y obtienen mayores ventas, lo que se traduce en más ingresos para ellos.

Capítulo 2

¿Qué es una Red de Afiliados?

Muchas veces, oímos la palabra "red de afiliados", y podemos preguntarnos qué significa.

La red de afiliados es el intermediario que trabaja entre los afiliados o editores, y los programas de afiliados comerciantes.

Las redes de afiliados están diseñadas para ofrecer a los editores de sitios web la oportunidad de tener acceso a aquellos programas de afiliados que son excelentes para los nichos de sus sitios web. Esto es muy importante para permitirles obtener ingresos.

Muchos de los que están fuera del equipo tienden a ver el marketing de afiliados como algo místico, pero en realidad no lo es.

Muchos vendedores pueden sentir que es misterioso, pero aquellos que lo entienden saben que pueden cosechar mucho de él. Por lo tanto, disfrutan de los placeres durante el viaje.

Olvide el hecho de que cuando pudo haber comenzado a principios de la década de 2000, algunos comerciantes lo utilizaron para enviar spam hacia los usuarios de Internet.

La clave es buscar el programa de afiliados adecuado, y antes de que te des cuenta, tienes un flujo de ingresos regulares de alrededor del quince por ciento de lo que ganas en Internet.

Por qué existen

Esta es una pregunta que he tenido que responder mucho, y puedo darte las razones por las que las redes de afiliados existen incluso en mis sueño.

Las redes de afiliados están diseñadas para permitir a los editores ganar una parte de los ingresos que se obtienen cuando los visitantes, dirigidos por ellos al comerciante, realizan compras. También podría definirse como una forma de que el sitio del editor gane dinero cuando recibe a un visitante para llevar a cabo una tarea en particular. Puede ser la suscripción a un boletín de noticias o la compra regular. Sea lo que sea, una vez que la tarea está hecha, el sitio del editor gana.

Muchos de los programas de comercio vienen con una forma de compartir los ingresos, y algunos tienen el modelo de cuota por acción, en el que se paga a los editores por conseguir que el visitante actúe.

Cada parte en esta relación tiende a beneficiarse mucho de la interacción. El comerciante tiende a recibir mucho tráfico en su sitio. El sueño de cualquier comerciante es tener un gran número de visitantes entrando en el sitio y haciendo compras. Esto es algo que se puede lograr con una red de afiliados. El comerciante produce un modelo de reparto de ingresos y paga a los editores una parte de los ingresos cuando se realiza una tarea que se ha acordado de antemano. Esto significa que muchos visitantes vendrán en tropel, y las ventas aumentarán.

Los comerciantes también tendrán acceso a otros beneficios y servicios como herramientas de reporte y tecnología de rastreo.

Los afiliados también se benefician de esta interacción. Ellos pueden ganar al inscribirse en un programa de marketing de afiliados. Ya tienen visitantes regulares a sus sitios que disfrutan del contenido publicado allí. Cuando deciden añadir los anuncios de productos relacionados con su nicho, tendrán un montón de gente haciendo clic en el enlace, y antes de que te des cuenta, el dinero está entrando. También pueden tener acceso a herramientas de reporting, así como a la agregación de pagos.

Un afiliado puede unirse fácilmente a cualquier red que desee, y en su mayoría es gratis. No se puede decir lo mismo de los comerciantes. Se espera que los comerciantes paguen una cantidad para unirse y que sus productos sean incluidos. Para los comerciantes, la cantidad pagada suele depender de la red de afiliados. Es posible que tengan que pagar únicamente las cuotas de inscripción inicial, pero en algunos casos, es posible que tengan que añadir la cuota de inscripción recurrente.

Las redes de afiliados también son conocidas por cobrar a los comerciantes en sus programas una proporción de las comisiones que dan a sus afiliados.

Cómo funciona el sistema
Por lo general, la longitud y la amplitud del marketing de afiliados es el comerciante que paga una comisión a la red de afiliados, entonces la red de afiliados toma su parte, antes de dar el resto al afiliado. El dinero pagado a los afiliados es para ellos referir a nuevos clientes al sitio web del comerciante.

La forma en que el marketing de afiliados está diseñado, se basa en el modelo del rendimiento. Esto se debe a que a los afiliados se les paga únicamente cuando consiguen que los visitantes hagan una transacción. Cada parte en esta transacción tiene sus deberes asignados, y con ello tenemos:

Afiliados

Cuando hablamos de afiliados, es importante tener en cuenta que puede ser cualquier sitio, pero en la actualidad, una gran proporción de afiliados son bloggers o aquellos sitios de contenido que están algo vinculados a la industria del comerciante.

El trabajo del afiliado es conseguir que sus visitantes adopten la marca del comerciante. Los afiliados hacen diferentes cosas para presentar a los visitantes al comerciante. Algunos de ellos pueden escribir un post sobre la marca y dejar caer un enlace del comerciante.

Algunos pueden tener anuncios de banner de los productos del comerciante cargados en sus sitios web.

Algunos siguen adelante para dar a sus visitantes un código de cupón especial, que pueden utilizar para comprar productos con descuento. Una vez que los visitantes de los afiliados ubicados se dirigen al comerciante, y llevan a cabo una tarea particular, que es en su mayoría la compra, el afiliado gana.

Cuando los programas de afiliados comenzaron, por lo general había una gran cantidad de sitios leales y cupones. Todo eso cambió, a medida que la industria crecía. Ahora, los sitios de cupones apenas existen, y los blogueros de contenido están ahora en el centro de la revolución. Ellos son los que atraen a los visitantes, y aquellos con los que los sitios web de los comerciantes quieren hacer negocios.

Pagos

Una razón por la que el marketing de afiliados ofrece un mayor retorno de la inversión en comparación con otras formas de mejorar las ventas como comerciante es como resultado de su modelo basado en el rendimiento.

Los comerciantes no tienen que pagar por meras visitas a sus sitios web, sino por clientes que hicieron compras. Esto ofrece al marketing de afiliados el beneficio necesario que tiene sobre los otros medios de lograr ventas como el PPC. En el PPC, los comerciantes tienden a gastar mucho en obtener clics, y no en las compras reales. Este es un método que muchos comerciantes desaprueban.

Lo que muchos de los programas de afiliados modernos hacen ahora es ser multicanal. ¿Por qué es así? Muchos programas de afiliados tienen una miríada de afiliados en una transacción en particular. Esto significa que el proceso de pago ya está avanzado. Para evitar que un afiliado caiga hacia abajo, y reclamar las comisiones de todos los demás, las redes de afiliados optan por la atribución de varios canales. Esto permite que aquellos afiliados que dan el mayor valor ganen más.

Redes
Los afiliados se benefician al utilizar varias redes. Hay algunos que deciden optar por múltiples redes, mientras que hay otros que prefieren trabajar en una sola. A muchos afiliados les encanta usar múltiples redes, en lugar de consolidarse con una sola.

Las redes utilizan cookies para ver el nivel del sitio web de un cliente en el sitio web del afiliado a través del carrito de compras del comerciante. Una vez realizada la compra, la red da al afiliado la comisión acordada, la cual depende de las reglas que el comerciante debe haber puesto en práctica.

Gestión
En la actualidad, a muchos comerciantes les gusta administrar los programas de afiliados que ofrecen por sí mismos. Otros tienden a subcontratar esto a la gestión de una red de afiliados.

Tanto si se trata de una externalización como si se trata de una externalización interna, la dirección tiene el deber de garantizar que sólo se contraten afiliados de calidad. Tratan de involucrar a los afiliados y buscan métodos para conseguir que promocionen al comerciante.

Consejos para que su programa de afiliados se destaque

La alegría de cada programa de afiliados es destacarse del resto. Antes de que pienses en crear el tuyo, es importante que consideres estos consejos. Un exitoso programa de marketing de afiliados no comenzó hoy. Si usted vende productos online, usted debe considerar la creación de un programa de marketing de afiliados, ya que puede mejorar sus ventas en Internet en gran medida. Puede que tenga que invertir un poco de esfuerzo, pero una cosa que debe tenerse en cuenta es que valdrá la pena.

Los consejos a continuacion:

- **Encuentre su nicho**

Antes de crear ese programa, usted debe averiguar el mercado objetivo de sus productos de interés. No sea la persona que siente que puede vender sus productos a aquellos que no están interesados en ellos. Eso es una falacia pura. Su interés debe estar en aquellos que quieren comprar sus productos porque resuelven un problema en sus vidas. Tratar de vender sus productos a alguien que no tiene uso para ello será una pérdida de dinero, esfuerzo y tiempo.

- **Buscar socios**

Hay una gran posibilidad de que haya blogs de calidad que puedan anunciar sus productos. El objetivo de crear un programa de afiliados es aumentar las ventas. Una manera de poner esto en marcha es buscar socios.

Busque a aquellos socios que tengan el tráfico necesario, y esto podría ayudarle. La relación comercial beneficiará tanto a usted como a sus afiliados.

Haga que se realice una creatividad interesante. Dado que su programa de afiliados acaba de empezar, debe convencer a sus socios de por qué deben decidirse por usted. ¿Cómo puedes hacer eso si no es con materiales promocionales interesantes? El tono de los materiales debe hacerles sentir que llevar a cabo el trabajo es bastante fácil.

Tienen que sentir que tienen que hacer un trabajo minucioso, mientras cosechan muchos beneficios. Ningún afiliado querrá participar en ningún programa que los estrese y les ofrezca poco o nada a cambio.

Búsqueda continua de nuevos afiliados

Un error que algunos programas de afiliados hacen es descansar en sus remos porque sienten que tienen pocos grandes socios. Una cosa que usted debe saber es que usted no puede decir cuando ese gran socio decidirá columpiarse hacia sus competidores. ¿Qué pasa entonces? Te quedas en lo alto y seco. Es aconsejable que siempre busque nuevos socios. Es su trabajo protegerse de un escenario en el que sus buenas parejas deciden irse.

La búsqueda de nuevos socios se puede hacer mediante la publicidad de los programas a través de sus sitios web. También puede hacer uso de directorios de afiliados y así sucesivamente.

Asegúrese de que sus socios estén bien atendidos

Ninguna ley impide que un socio pase al siguiente programa de afiliados. No puedes conseguir que te sean leales para siempre si no los tratas bien. La verdad es que los afiliados sólo están con usted por lo que pueden obtener de usted, no por su marca.

Tienes que darles las razones para que se queden. Usted debe informarles regularmente sobre nuevos productos, ofrecerles herramientas para mejorar la comercialización de sus productos. Una cosa que nunca debe hacer es no pagarles a tiempo. Evítelo.

Cómo crear su primer sitio web de marketing de afiliados de acuerdo al presupuesto?

La creación de su sitio web de marketing de afiliados se puede hacer sin gastar mucho dinero y tiempo. Exploraremos cómo puedes crear tu sitio web de WordPress sin gastar mucho dinero. WordPress es actualmente el mayor constructor de sitios web, y no cuesta un centavo. Antes de poder empezar, tendrá que contratar los siguientes servicios:

- **Nombre de dominio**

Cuando hablamos de un nombre de dominio, estamos hablando de la URL del sitio web. Cada sitio web tiene su nombre de dominio. El nombre de dominio de Google es Google.com. Su sitio web necesitará un nombre de dominio para tener éxito. Antes de que usted pueda registrar un nombre de dominio, necesita tenerlo registrado con un registrador de dominios. Es fácil hacer esto, así que no piense que es una tarea difícil.

- **Web Hosting**

Antes de que su sitio web pueda ser visible en Internet para que los visitantes lo vean, usted necesita tener su sitio web alojado en un servicio de web hosting. Lo que hace un web hosting es alquilarle un servidor para su sitio web.

Es el servidor web que asegura que los visitantes puedan acceder fácilmente al sitio. No puede utilizar uno de estos requisitos e ignorar el resto. Necesitas ambas cosas.

Aunque puede haber algunas opciones gratuitas que puede probar, una cosa que le aconsejaré es que las evite por ahora. Muchas de estas plataformas libres vienen con cláusulas que pueden ser intimidantes.

- **Cómo elegir un nombre de dominio?**

Para una persona que está comenzando en el marketing de afiliados, optar por un nombre de dominio puede no ser tan fácil. Usted puede estar confundido acerca de qué nombre de dominio representaría su marca. A estas alturas, ya deberías saber por qué nicho quieres optar. Por lo tanto, su nombre de dominio debe tratar de reflejarlo. Usted ya sabe lo que contendría el sitio. Por lo tanto, su nombre de dominio debe ser construido alrededor de él.

Algunas personas sienten que todos los buenos nombres de dominio que hay por ahí han sido tomados, y los únicos que quedan son los que han sido "cribados". Eso no es cierto.

Digamos que lo que usted está a punto de promover está relacionado con los alimentos, y usted se pregunta qué nombre de dominio se ajustaría bien a eso. Usted debe pensar en sinónimos de alimentos que son conocidos y muy buscados online. No se puede utilizar el nombre de dominio 'Food.com', está actualmente en uso. No se le permite hacer uso de un nombre de dominio que ya está en uso. El que debe ser elegido es uno que no está en uso.

¿Para quién son los alimentos? ¿Bebés o adultos? Esto también puede ser un factor en su nombre de dominio.

Es aconsejable que evite los nombres de dominio que no son fáciles de recordar o largos. Si el nombre de dominio es largo, ¿cómo espera que los visitantes lo escriban o incluso lo recuerden?

- **Cómo elegir un buen Web Hosting?**

Antes de apresurarse a optar por un web hosting, es aconsejable saber qué servicios ofrecen y por cuánto dinero. La verdad es que las tarifas de web hosting son muy asequibles, y muchos ofrecen características similares. Usted puede ir por quien quiera, pero debe considerar lo siguiente:

Tiempo de inactividad

El tiempo de inactividad es la cantidad de tiempo que su sitio web estará fuera de línea. Cualquiera que sea el web hosting por el que opte, debe tener un tiempo de inactividad que no sea inferior al 99,99%. Usted no quiere que su sitio web no esté en línea durante mucho tiempo. Una vez que sus visitantes notan que usted sufre regularmente de tiempos de inactividad, entonces hay un gran problema. Actualmente estamos en la era de Internet, cuando mucha gente quiere visitar un sitio web y tener acceso inmediato a él.

Atención al cliente

¿Qué tan buena es la atención al cliente? Nadie quiere optar por un web hosting que tenga un servicio de atención al cliente deficiente. Digamos que usted ha notado un problema con su sitio web, ¿existe un servicio activo de atención al cliente con el que pueda interactuar para solucionar los problemas de inmediato? Esto debe ser considerado.

Ancho de banda

¿Qué tan rápido se puede abrir el sitio web? Esta es una pregunta que no debe ser ignorada. Si el sitio web tarda mucho en cargarse, sus visitantes se llevarán su negocio a otra parte. Nadie tiene tiempo para esperar a que los sitios web se abran cuando están acostumbrados a que se abran en segundos. Debe optar por un web hosting que pueda ofrecer esto.

¿Son fáciles de usar?

Este es uno de los factores más importantes a considerar cuando se opta por un web hosting. No todo el mundo es un geek que entiende cómo se ejecuta un servidor web. ¿El web hosting simplifica el uso, o los usuarios tienen que preocuparse por aprender términos técnicos? ¿El web hosting hará que el uso de sus sitios web sea más fácil o no? Puedes averiguarlo leyendo sus reseñas.

Precio

Aunque muchos web hosting ofrecen servicios comprables, usted debe considerar mirar los precios de lo que ofrecen y compararlos con los servicios que son ofrecidos.

Cuando usted está comenzando, no necesita un plan avanzado. Lo que necesitas es el básico, y una vez que te acostumbres a cómo funcionan los sitios web, puedes actualizarlo.

Vamos a dar un recorrido a través de cómo usted puede configurar su sitio web de marketing de afiliados! Regocíjate, has tomado una decisión audaz.

Elija el Host

Hay numerosos hostings, pero por ejemplo, hagamos uso de la BlueHost.com.

Entra en BlueHost.com

Haga su elección en el plan de hosting. Usted puede decidir qué plan va de acuerdo a sus necesidades. Es importante que antes de optar por un plan, usted se asegure de que le ofrezcan los servicios que usted necesita. Como principiante, es aconsejable optar por el plan BÁSICO, aunque se puede actualizar más adelante. Este plan le ofrece lo que puede necesitar como principiante. Esto no significa que si quieres el plan más alto, no deberías ir por él. Es tu elección.

¿Cuál es su nombre de dominio?

A estas alturas, usted ya ha decidido cuál es el nombre de su dominio basado en su nicho. Debería estar relacionado con cualquier nicho que tengas, y debe ser corto. Si aún no ha escrito el nombre de dominio, puede omitirlo y utilizar la ventana emergente que dice "elegir un nombre de dominio más tarde".

Si tiene el dominio, introdúzcalo ahora.

Introduzca los datos de su cuenta

Esto es fácil de hacer. Se le pedirán algunos detalles, introdúzcalos.

Analiza el paquete del web hosting y la información de pago

En este momento, mira la información sobre ti mismo que has ingresado, y asegúrate de que sea correcta. También es importante incluir el método de pago que sea conveniente para usted.

Mire su correo electrónico

Inmediatamente que haya configurado su cuenta, visite su correo electrónico para ver si lo ha hecho con éxito. Deberías ver un correo electrónico de bienvenida que viene con una caja. Haga clic en ella, y se le redirigirá para que configure su contraseña.

Tenga su contraseña configurada

Introduzca una contraseña que no olvidará. Intenta no olvidar nada de lo que hayas tecleado.

Hora de acceder al panel de control de Bluehost

Ahora, estás configurado y puedes alojar el sitio web. Lo que necesita es llevar a cabo otros pasos para completar el proceso.

Estos pasos se realizan para asegurarse que el sitio web sea accesible para cualquier persona. Puedes visitar Bluehost.com para saber cómo es el tablero de instrumentos.

Instalar WordPress

Bluehost está diseñado para tener WordPress fácilmente instalado. Puede utilizar cualquiera de las plantillas de WordPress en su sitio web. Un gran aspecto es que son de uso libre. Estos son fundamentalmente sitios que han sido pre-construidos, por lo tanto pueden ser personalizados como usted desee. Opte por cualquier diseño que desee, y podrá modificarlo cuando lo desee.

Inmediatamente un tema ha sido elegido, haz que se instale haciendo clic en un botón.

Elija ¿Para qué sirve el sitio?

Un sitio puede ser para uso personal o comercial. Ya que lo estás usando para propósitos de afiliación, haz clic en `Negocios".

Mejora de su sitio web de marketing de afiliados
Una vez que usted cree su sitio web afiliado, no sea uno de los que piensan que la tormenta ha terminado y se pone a descansar. Para que usted tenga un flujo de tráfico, necesita dominar cómo tener un flujo de contenido. Su contenido debe ser atractivo e interesante. Esto asegurará que usted sea visible en el motor de búsqueda fácilmente y obtenga el tráfico necesario. Discutiremos más sobre esto más adelante.

Su sitio web de marketing de afiliados no debe ser un mero folleto digital

Es común ver a muchos vendedores afiliados crear sus sitios para tener la apariencia de un folleto de ventas digitales. Si te encuentras en esta situación, deberías considerar la posibilidad de huir de ella.

Muchos de los vendedores afiliados tratan de poner una gran parte de su interés en ganar dinero e ignorar el hecho de que tienen que añadir valor a su sitio.

Antes de que usted piense en hacer cualquier venta, usted debe tener un sitio que sea un tesoro de contenido. No puedes esperar que la gente te visite y puedas hacer ventas así. Mata esos pensamientos, ya que puedes darte cuenta de que es una pérdida de tiempo.

Cree su sitio web con mucho valor

Antes de que usted pueda tener un sitio web de marketing de afiliados impresionante que albergue a muchos visitantes, lo que se traduce en mucho dinero; usted debe considerar el siguiente proceso - proceso CTPM.

Este proceso es muy sencillo, ya que te indica el camino a seguir si quieres ganar dinero.

Crear contenido

Hagas lo que hagas, deberías tener un plan para escribir contenido interesante. Nadie quiere aburrirse, ni siquiera si el visitante te conoce en persona.

Tráfico: Una vez que el contenido es atractivo, el tráfico comienza a fluir porque sus visitantes están interesados en su contenido.

Después del tráfico, están las etapas de Pre-Venta y Monetización. Tendrás que dedicar tiempo y esfuerzo, y esa es la cruda verdad. Ignore a cualquiera que le diga que ganará dinero el primer día porque eso es mentira.

De este proceso, usted debería haber notado que la Monetización no se puso en la primera etapa. Fue la última que viene como recompensa por un trabajo bien hecho.

¿Cuánto cuesta?

Construir un sitio web no cuesta mucho en estos días. A veces, no le cuesta nada si opta por alternativas gratuitas. Las alternativas libres deben evitarse porque vienen con cláusulas.

Su dinero se destinará al nombre de dominio y al web hosting. Suele caer dentro de un par de dólares, pero rara vez llega a los 20 dólares. Esto depende de las características por las que se opte.

Capítulo 3

Cómo elegir la mejor Red:

Ahora, que usted ha decidido optar por el marketing de afiliados, probablemente se está preguntando cómo elegir lo mejor del lote, bueno usted está de suerte.

La selección de los mejores programas de afiliados debe ser algo que usted debe pensar en hacer, y con estos consejos, usted se dará cuenta de que no es difícil de lograrlo.

Pruebe estos consejos, y se sorprenderá del nivel de su éxito.

Los productos son cosas que usted mismo se ve comprando

Una cosa que usted debe evitar es vender aquellos productos que no lo atraparán usando en un futuro cercano. Opte por los productos que más le gusten y úselos antes de venderlos. Esto no significa que usted debe saber todo del producto una vez que lo encuentre e inmediatamente. Digamos que ha encontrado un producto que le apetece, pero sabe poco o nada al respecto. Lo que debe hacer es aprender mucho sobre el producto. Usted debe considerar familiarizarse con el producto usándolo y leyendo mucho sobre él.

Al principio, puede parecer que no te apasiona mucho, pero una vez que adquieras los conocimientos necesarios, te enamorarás.

Reputación del proveedor

Esta es una cosa que no debe ignorar cuando decida optar por una red de afiliados. Usted no quiere que su marca se cruce en el camino con una que es conocida por ser notoria.

Sabemos que todo comerciante empieza desde cero, pero le aconsejaré que opte por los que ya están establecidos con el tráfico necesario.

Recuerde que usted se está uniendo a una red de afiliados para ganar algo de dinero, y lo que puede ofrecerle tan rápidamente es estar a bordo con una red de afiliados popular.

Antes de saltar a cualquier red de afiliados, se aconseja que realices a una investigación exhaustiva. Ve cuáles son las casillas y lee los términos.

Aunque puede ser que esté diciendo que usted debe optar por las redes de afiliados populares, no se apresure a elegir una nueva antes de que usted haya hecho su investigación.

Como son nuevos, averigüe qué es lo que le interesa de ellos. Podría ser su alta comisión o sus grandes productos. ¿Por qué debería optar por ellos? Averígualo.

Cuando usted va a las redes establecidas de marketing de afiliados, es fácil ver sus métricas de conversión. Le permiten saber qué comerciantes pueden convertir adecuadamente a los visitantes en sus sitios. En cuanto a las nuevas redes de afiliados, es posible que estas métricas importantes no estén disponibles. Tienes que saber con lo que estás lidiando antes de saltar.

En general, lo que debería preocuparle es cuánto puede ganar. Cuando lo que vas a ganar es grande, te vuelves muy apasionado, y no hay nada mejor que eso. Cuando te apasiona algo, lo haces bien.

Antes de optar por una nueva red de afiliados, es aconsejable que no inviertas mucho al principio. Invierte poco y ve si lo que dicen en sus contratos es cierto. Usted está en el juego para ganar dinero y nada más.

Soporte a proveedores

Antes de elegir a una red de afiliados, es aconsejable averiguar qué nivel de apoyo ofrecerá el proveedor. Algunos vendedores afiliados no saldrán de su red no importa lo que les ofrezcan porque sus proveedores les ofrecen un apoyo impresionante. Se sienten vivos y tienen una gran experiencia, en comparación con aquellos con proveedores que ofrecen un apoyo no tan bueno.

Mientras trabaja con un proveedor, usted puede caer en un problema u otro, y cuando tiene el apoyo de su proveedor, está seguro de que puede superarlo.

Hay diferentes maneras de obtener el apoyo necesario, pero todas dependen del nivel de su proveedor. Puede ser que su proveedor tenga un administrador de cuenta dedicado que esté a su disposición para ayudarle cuando tenga un problema. Podría ser el proveedor que tiene la función de chat en vivo para discutir con usted cuando surja un problema. También podría tener la función de soporte por correo electrónico.

Es su derecho también preguntar qué tipo de materiales de marketing tienen para ofrecer y ver si son de alta calidad o no.

Algunas redes de afiliados ofrecen a sus vendedores, páginas de destino que pueden ser utilizadas. Algunos toman una muesca más alta ofreciéndoles banners para poner en sus sitios web.

Mire cada opción y vea cómo se pueden utilizar fácilmente para su beneficio.

¿Cuál es la duración de los cookies?

Una cosa que se debe saber es que muchos clientes no compran durante su primera visita. Cuando un cliente inicia sesión en una página inicialmente, es posible que desee ver lo que la página ofrece, sin intención de comprar. Es su trabajo convencerlos incluso después de que hayan salido de la página recordándoles la oferta. Aquí es donde resalta el periodo de duración de los cookies. Averigüe si la red de afiliados tiene un largo período de cookies porque un período de cookies más largo se traduce en mayores ingresos.

Usted quiere que las ventas se hagan porque de ahí es de donde usted gana su dinero.

Producto de calidad

Esto es algo que no debe ser ignorado, no importa lo que hagas. Usted está poniendo su nombre de marca por ahí, por lo tanto cualquier red de afiliados que usted en la que está involucrado debe tener productos de calidad. Por lo tanto, es aconsejable leer sobre los productos y utilizarlos si es posible.

Hay un truco que muchos de los vendedores inteligentes afiliados han utilizado para detectar los productos con baja calidad desde lejos sin siquiera utilizarlos - la tasa de ingresos.

Si usted está a punto de unirse a una red de afiliados, y se da cuenta de que su tasa de retorno es muy alta en comparación con la tasa del mercado, usted debe correr hacia otro lado, porque hay una gran posibilidad de que el producto sea de baja calidad. No pienses en ello como dinero gratis que se puede conseguir. Una vez que su marca es conocida por apoyar los productos malos, podría arruinar su reputación, y esto es algo que debe ser evitado. Al principio, puede que consigas que pocas personas hagan las pruebas, y el dinero entra a raudales, pero la noticia se extendería. Antes de que te des cuenta, mucha gente empieza a evitar cualquier cosa que anuncies. Esto puede ser el final de su carrera de marketing de afiliados antes de que comenzara.

Lo que debe hacer es asegurarse de que sus clientes estén contentos. Una vez que están contentos, se traduce en mucho más "streaming" en su cuenta.

Su reputación aumenta, y no les importará comprar cualquier cosa que usted pueda estar vendiendo, incluso cuando no lo necesiten. Confían en que usted trata únicamente con productos genuinos.

Upsells

Averigüe si la red de afiliados ofrece comisiones por los upsells. Hay un montón de maneras de hacer dinero como un vendedor afiliado, y el upsell es una de ellas. Esto puede mejorar mucho su comisión, ya que a los clientes después de hacer una compra inicial se les muestran otros paquetes por los que pueden optar. Estos otros productos que se muestran suelen estar relacionados con lo que el cliente habría comprado inicialmente. Si el cliente decide comprar el paquete extra, esto hace atraer más comisiones para el vendedor afiliado, que es usted. Es importante averiguar si existe tal característica para ganar más dinero.

Averigüe si obtendrá más dinero de esta función.

Número de productos contenidos

Antes de unirse a una red de afiliados, como ya se ha dicho, es aconsejable que averigüe cuántos productos tienen. No debe ir para una red de afiliados con un solo producto, excepto si se trata de una poción mágica que se vende rápidamente. Usted quiere ganar dinero, por lo tanto debe optar por un vendedor con numerosos productos. De esta manera, si no se compra un producto, se compra el otro. Es un caso claro de no poner todos los huevos en una canasta. Digamos que un cliente esta navegando, y después de unos segundos, se da cuenta de que no tienes otros productos; perderá el interés y se irá a otra parte. Por otro lado, si él mira y ve múltiples productos, hay una gran posibilidad de que uno de ellos atraiga su atención y se vea tentado a hacer una compra.

¿La red de afiliados tiene productos de alto valor?

Un error común es que una vez que un producto es muy caro, es difícil venderlo. Hasta cierto punto, es cierto si el producto es un objeto con un precio excesivo que se puede comprar por un precio mucho más bajo en otro lugar. Si no lo es, puedes venderlo. He aquí por qué no debe correr a las colinas inmediatamente si descubre que los productos son caros. Es importante que no apoye un producto sobrevaluado, ya que podría ser un desperdicio de sus recursos. El dinero gastado en el producto debería valer la pena para sus clientes; si no, no se molestarán en comprar de nuevo.

Digamos que quieres ganar alrededor de $5,000 de esa red de afiliados. Esta cantidad es por las ventas que usted tiene la intención de obtener, y no la comisión. Antes de que pueda llegar a esa cantidad, si está vendiendo un producto de $10, se espera que venda alrededor de 500 piezas. Suponiendo que sea un producto de 100 dólares, sólo tienes que vender 50. Tomémoslo más alto, y digamos que era un producto de $1,000, todo lo que tiene que ser vendido es 5 piezas, y ya está listo.

Una vez que usted tiene una fuerte creencia en ese producto altamente probado, y es un solucionador de problemas deseado por muchas personas, usted puede optar por él, no importa de cuanto sea el precio.

La razón por la que muchos de los vendedores inteligentes afiliados tienen éxito es porque venden una mezcla de productos de alto y bajo precio para satisfacer las necesidades de los diferentes clientes. La incorporación de diversos productos ayuda a su negocio a crecer, y usted necesita crecer.

Hay algunos proveedores que usted puede ver que ofrecen a sus vendedores afiliados comisión recurrente. ¿Qué significa esto? Si el cliente que usted presentó al negocio viene a hacer una compra de nuevo, usted recibe una comisión de nuevo. Debería averiguar si el proveedor ofrece esta característica. Aunque usted no debería deshacerse de un buen vendedor porque él o ella no ofrece esta función de comisión recurrente, es una manera impresionante de hacer un bono adicional.

Tipo de ofertas disponibles

En el mundo del marketing de afiliados, algunos vendedores están interesados en un solo nicho. Algunos vendedores atraviesan muchos nichos. Antes de unirse a cualquier equipo, averigüe si son los primeros o los segundos. Si eres bueno con el nicho en el que el vendedor está involucrado, puedes unirte a la red de afiliados. Si no lo eres, deberías considerar optar por uno que tenga varios nichos en los que estés interesado. Antes de unirse a uno, también es aconsejable que averigüe lo lucrativo que es ese nicho. Su objetivo general es ganar dinero, y si el nicho en el que se encuentra el vendedor no es lucrativo, debería considerar llevar su negocio a otro lugar.

El hecho de que un vendedor esté involucrado en muchos nichos no significa que sea lucrativo. Este es un error común que muchos vendedores afiliados cometen. Todos los nichos pueden ser menos lucrativos que un solo nicho en el que otra red de afiliados pueda estar involucrada. Averigüe cuáles son los nichos y cuán lucrativos son.

Cuando se trata del nicho, otra cosa que debe tenerse en cuenta es si la red de afiliados encaja en el nicho de su blog. Sí, lo has leído bien.

Digamos que escribes blogs sobre bicicletas de montaña, optar por un programa de afiliados que vende artículos para bebés no le sentará bien. ¿Por qué es así? Los visitantes de tu blog son probablemente hombres que quieren andar en bicicletas de tierra y probablemente no están interesados en artículos de bebé. El blog que los artículos del bebé habrían hecho bien es un blog que abastece a los padres.

¿Cuál es el plazo de pago?

Como vendedor afiliado, usted puede tener que utilizar anuncios pagados para llevar su negocio mucho más lejos. Esto significa que usted tiene que cubrir sus costos en un abrir y cerrar de ojos y obtener una ganancia. Antes de gastar cualquier cantidad, averigua cuál es el plazo de entrega de la red de afiliados. ¿Es una semana o un mes? ¿La red de afiliados es conocida por hacer los pagos a tiempo, o pertenecen a aquellos que no pueden cumplir con su palabra? Averígualo.

¿Cuáles son los niveles de comisión y las ganancias por clic?

Los programas que usted debe considerar probar son aquellos de los que obtendrá los beneficios necesarios. Es importante que averigüe el nivel de comisión que puede ganar al unirse al programa. Mucha gente piensa, especialmente los nuevos afiliados, que cuanta más comisión obtenga, mejor será el programa de afiliados. Esto, hasta cierto punto, es cierto, pero no es toda la ecuación. Tienes que mirar fijamente todo el cuadro. Cuando usted ve un producto que no vende tanto, generalmente atrae altas comisiones, en comparación con uno que se vende bien.

Esto significa que si usted opta por un producto con un nivel de comisión escandaloso, puede pasar semanas, o incluso meses, antes de que se haga una venta, y esto no es bueno para cualquier vendedor afiliado. Puede ser molesto. Usted quiere hacer ventas constantemente para asegurarse que los ingresos fluyan.

Cómo elegir el mejor programa de marketing de afiliados.

Si usted tiene éxito o no viene determinado por un montón de factores, y uno de ellos es si usted ha elegido el mejor programa de marketing de afiliados. Un gran programa de afiliados puede ayudarle a ganar dinero rápidamente, mientras que uno pobre puede afectarle.

Encuentre las ofertas en el nicho que ha elegido con la mejor compensación

¿Cuáles son las ofertas en su nicho? Cada nicho tiene productos que se están vendiendo, y antes de que saltes sobre alguien, tiene que averiguar cuál es su compensación. Recuerde que usted sólo está en el negocio para promover los bienes y servicios y, a cambio, hacer dinero. Averigüe qué compensaciones ofrecen y qué se puede obtener en otras partes de la industria. ¿Son sus paquetes de compensación apetitosos o malos? ¿Ofrecen poco por el exceso de trabajo? ¿Ofrecen grandes paquetes de compensación que valen la pena el estrés? ¿Lo que ofrecen parece escandaloso en comparación con otros en la industria? Por mucho que quiera cosechar muchos beneficios, es aconsejable que evite los programas que ofrecen beneficios escandalosos. Algunos pueden decir que dan la luna y las estrellas, y cuando llegas allí, te das cuenta de que ni siquiera pueden darte un río. Cuando veas un programa de afiliados que ofrece paquetes de compensación escandalosos, haz tu investigación para ver si realmente se apegan a su palabra o si es una mentira.

¿Esa oferta se está vendiendo bien?
Por ahora, usted ya sabe cuál es su nicho, o tiene varios nichos que está pensando en probar.

De cualquier manera, cualquier cosa que decida promover debe estar vendiéndose bien. Antes de invertir en la promoción de un producto, hay que investigar. ¿Se está vendiendo bien?

No estás promocionando un producto o servicio porque simplemente quieres promocionarlo. Lo haces porque quieres que se venda.

Muchas redes de afiliados vienen con herramientas que pueden ser utilizadas para analizar las tasas de venta de un producto en un programa de afiliados. ¿Han tenido éxito otros socios afiliados cuando se trata de eso? ¿O es lo contrario? Estas son preguntas que deben ser contestadas. Digamos que usted está haciendo uso de una red de afiliados como Clickbank; usted tendrá acceso a una importante herramienta llamada Indicador de gravedad que le permite conocer la tasa de ventas de un programa de afiliados. ¿Es un producto caliente o algo por lo que muy poca gente opta? Cada nicho tiene productos calientes y aquellos que la gente no usará.

Compruebe si la página de ventas que el comerciante ha proporcionado está bien hecha y funciona.

Antes de adoptar un programa de afiliados, es aconsejable que compruebe si la página de ventas que el comerciante ha ofrecido está funcionando bien. Muchos programas de afiliados ofrecen páginas de ventas a sus socios afiliados. Antes de unirse a un programa de afiliados, averigüe si lo hacen y qué tan efectivo es.

Usted puede encontrar los defectos de un programa de afiliados mediante la ejecución de la investigación. Busque revisiones no adulteradas del programa de afiliados. Si usted quiere las revisiones reales, no vaya a el Web site del programa del afiliado. Usted puede visitar ciertos sitios de revisión.

Cómo iniciar su negocio de afiliados

Comenzar su viaje en el marketing de afiliados tiene que hacerse bien si desea tener éxito.

Elija un nicho rentable específico en el que se sienta cómodo para crear contenidos

Este es el primer paso que debe realizar. No puedes ser un socio afiliado para todos los productos disponibles. Tienes que elegir un nicho en el que seas bueno. Antes de optar por un nicho, pregúntese si se ve creando contenido sobre productos en el nicho durante mucho tiempo. Muchos de los vendedores afiliados tienen páginas en redes sociales y blogs que se centran en un nicho. Construyen estos canales para ser una fuente de información para aquellos que están interesados en ese nicho. Digamos que usted quiere ser un vendedor afiliado de productos de bicicletas de tierra, usted tiene que estar interesado en bicicletas de tierra, y todo acerca de ellas. Si odias la idea de escribir sobre bicicletas de cross, deberías considerar llevar tu negocio a otra parte porque sería una tortura. Cuando no disfrutas de algo, ¿cómo esperas que tus lectores disfruten del contenido hasta el punto de que hagan clic en tu enlace de afiliado y compren los productos?

Si te gustan las motos de cross y las has elegido como un nicho en el que quieres meterte, tienes que crear un contenido impresionante al respecto. No sólo empezar a incitar a sus visitantes a comprar productos con su enlace de afiliado cuando usted no se ha colocado como una autoridad en ese campo.

Una vez que haya creado un buen contenido y dominado el método de producir un gran contenido, usted puede convertirse en un vendedor afiliado.

Obtener una membresía para un programa

Una vez que haya creado una apariencia de que usted es una autoridad en el campo, debe considerar unirse a un programa. Mucha gente puede preguntarse por qué tienes que dejar de ser una autoridad; es simple, usemos una ilustración. Te diriges a un sitio web de renombre que escribe contenido sobre bicicletas de cross, y lo ves promocionando un producto, ¿desearás comprarlo? Por qué?

Te diriges a otro blog que no publica ningún contenido o incluso peor, publica contenido basura y los ves promocionando un producto sobre dirt bike. ¿Deseas comprarla? Por qué?

Hay una gran posibilidad de que te sientas a gusto comprando los productos promocionados por el sitio web de renombre al promovido por el blog basura.

Ahora que hemos explicado esto, veamos cómo conseguir una membresía para un programa. Anteriormente, hemos discutido lo que usted debe buscar en una red de afiliados y el programa antes de unirse. Es importante que los use antes de unirse a cualquier programa o red. Cualquier programa al que decida unirse debe estar relacionado con su nicho. No publique un blog de "dirt bike" y trate de unirse a un programa de alimentos para bebés; puede que no le guste a su público.

Proceso de solicitud

Muchos programas tienen diferentes procesos de aplicación que son únicos para ellos. Antes de comenzar el proceso de solicitud, aquí hay algunas cosas que debe considerar:

Construya una marca con confianza en su nicho

La confianza es la palabra clave. Como se ha dicho antes, la gente tiende a comprar productos promovidos por blogs de renombre que los promovidos por uno basura. Antes de que pienses en aplicar a un programa, tienes que construir una marca que tenga buena reputación en tu nicho. ¿Cómo puedes hacer esto? Creando contenido educativo y genuino.

No ejecute un blog que se destaque por subir contenido copiado y de mala calidad. Cualquier cosa que publiques tiene que ser verdadera, educativa y original. Usted debe ser uno que pueda dar información sin parecer aburrido. Los lectores en su nicho deben sentir que usted es una persona a la que pueden acudir inmediatamente cuando necesitan información sobre diferentes aspectos de su nicho. Puedes tratar de ser una mini-enciclopedia de tu nicho, sin que te parezca aburrido.

Dar buena información en su contenido es una buena manera de crear confianza. Puedes darle más sabor optando por los vídeos, y no sólo por las palabras escritas. Los videos tienen una forma de ganarse el corazón de los visitantes de un blog más que las palabras escritas.

Elija la fuente de tráfico que mejor se adapte a usted y a su oferta

Antes de inscribirse en un programa y comenzar a vender un producto, hay que hacerse algunas preguntas. ¿Cuál es la mejor fuente de tráfico para su nicho? Cada nicho tiene la fuente correcta de tráfico, y lo que podría funcionar para uno puede no funcionar para otro. Si su nicho está relacionado con el mundo de los negocios, debería considerar obtener tráfico de LinkedIn.

Si es para adolescentes y jóvenes, debería pensar en Instagram. La procedencia del tráfico debe determinarse en función del lugar que frecuenta su público objetivo. Si utilizan Facebook, Google, LinkedIn, Instagram, Snapchat, YouTube, etc., entonces deberías concentrarte en esas aplicaciones de redes sociales.

No debe utilizar todos los anuncios de redes sociales si su público objetivo no hace uso de estas redes sociales.

Cómo elegir el nicho adecuado:

Hemos hablado mucho acerca de elegir el nicho correcto hasta el punto de que usted se estará preguntando cuáles son los pasos para elegir el correcto. Antes de elegir uno, pregúntese si le gusta. No opte por uno porque otros lo están haciendo. Si usted odia el nicho, sus visitantes podrán darse cuenta fácilmente.

Haga una lista de los nichos que le interesan

Deberías tener cosas que te interesen. Pueden ser tus pasatiempos. Digamos que te encantan las bicicletas de tierra o el tenis de mesa. Puede que seas muy bueno conduciendo la bicicleta y que hayas corrido con los mejores a tu alrededor. Usted puede ser impresionante en la cocina, y siempre tiene una manera de añadir un toque a cualquier comida donde mete su mano. ¿Qué es lo que te gusta? Hágase esta pregunta.

Si eres bueno cocinando, montando las bicicletas de tierra y jugando al tenis, estos deben ser los nichos que escribas en tu lista. Puede que a todos les gusten de la misma manera o en diferentes niveles.

Descubra cuáles son los nichos más rentables

De esos nichos que has escrito, ¿cuáles de ellos son muy rentables? Por favor, no seas subjetivo en tus pensamientos; tienes que mirar las cifras. ¿Cuáles de ellos tienen muchas ventas? Averígualo.

Hay muchos blogs de renombre en ese nicho que pueden ofrecerle la información necesaria. Compare el dinero que ofrece cada nicho antes de tomar una decisión. Si la moto de cross es la más rentable de su lista, entonces debe considerar la posibilidad de optar por ella. La clave es optar por el que gana mucho dinero.

Analizar las competencias y el interés en el tema

La verdad es que usted no es el primero en explorar ese nicho. Si tienes suerte, puede que no haya mucha gente explorando el nicho. Por lo tanto, es muy rentable para los pocos que participan en él. Hay una gran posibilidad de que tengas competidores y tengas que estudiarlos. ¿Sabe usted que las empresas hacen todo lo posible por averiguar lo que hacen sus competidores y crear cosas mejores que ellos? Muchas de las empresas que ignoraron este hecho se han hundido, y un ejemplo claro es Blockbuster.

Si quieres tener éxito, estudia a tus competidores, trata de encontrar todo lo que puedas sobre ellos. Fíjese en sus fortalezas y debilidades. ¿Qué están haciendo bien y mal? Cuando encuentre la información necesaria, utilícela para su beneficio. Corrija sus errores y utilícelos en su beneficio.

Encuentre los problemas más populares en este nicho

A medida que lea sobre sus competidores, existe una gran posibilidad de que encuentre esos problemas populares que pueden estar resolviendo o ignorando. ¿De qué manera están resolviendo el problema? ¿Puede resolverlo mejor que ellos hasta el punto de que a sus clientes no les importe dejarlos por ti?

Cada nicho tiene problemas importantes que deben ser resueltos. Los solucionadores de problemas ganan mucho porque la gente está dispuesta a pagar cuando ven un producto o servicio que puede reducir o aliviar sus cargas. Sea un solucionador de problemas hoy mismo!

Encuentre el producto/servicio afiliado que resuelva este problema

Ahora que ha descubierto los problemas principales, busque aquellos productos o servicios que resuelvan el problema. Como mencionamos anteriormente, a la gente no le importa separarse de su dinero cuando se dan cuenta de que cualquier producto o servicio que usted ofrezca puede ayudarlos.

Google es tu amigo en este momento. Usted también debe considerar mirar los productos que sus competidores están vendiendo. ¿Resuelven los problemas que usted ha descubierto? En caso afirmativo, ¿cómo puede hacer que sus visitantes sientan que comprarle a usted es mucho mejor que comprarle a sus competidores? Destacando!

¿Debo seleccionar un producto/servicio que he utilizado en el pasado?

La investigación ha demostrado que la gente tiende a ser grandes vendedores afiliados con los productos que han utilizado en el pasado. Esta es la verdad básica. El hecho de que usted haya usado el producto y que éste haya resuelto problemas para usted lo convierte en un firme creyente en un producto. ¿Has visto la cara de alguien que cree en algo, hablando sobre el tema? Hay una gran posibilidad de que creas lo que te digan. Verás mucha convicción estampada en la cara de la persona. Su mente comienza a decirle que si la persona puede creer en el producto después de usarlo, entonces es el verdadero negocio y usted está tentado a comprar.

Esto es lo que sucede cuando usted se convierte en un vendedor afiliado de un producto que ha utilizado. En ese momento, usted entiende cada aspecto del producto y puede convencer a sus visitantes o lectores para que compren el producto. Usted puede hablar de sus beneficios y de los problemas que resuelve como alguien con conocimientos.

¿Significa esto que debe evitar cualquier producto que no haya utilizado? Usted debe evitar los productos que no ha usado en el pasado. Lo que tiene que hacer es leer sobre ello. Averigüe cuáles son sus beneficios, los problemas que resuelve y si tiene algunas desventajas. Consume todos los materiales que puedas encontrar, tanto de los fabricantes como de los que lo han utilizado.

Capítulo 4

¿Cómo puedo promocionar un producto/servicio que no conozco?

El solo hecho de inscribirse en un programa de afiliados no lo convierte en un exitoso vendedor afiliado. El proceso no es fácil. Por lo tanto, es necesario mejorar las estrategias.

¿Cómo puedes promocionar tus productos de afiliado sin esfuerzo, lo hayas usado o no?

1. Escribir artículos de opinión
Empiece por escribir artículos de opinión porque son efectivos. Es una manera fácil de hacer que ese producto del afiliado sea promovido online.

Lo que hace el artículo de opinión es exponer brevemente todo lo relacionado con el tema que usted quiere tratar. El artículo tiene la intención de exponer brevemente de qué se trata el producto y sus beneficios. Para algunos, los artículos de opiniión son artículos de encuestas.

En él, usted debe actuar como guía, diciéndole a sus lectores por qué necesitan ese producto en sus vidas. Usted debe dejar que ellos entiendan cada aspecto de la misma, incluyendo sus componentes.

Sus artículos deben parecer imparciales cuando en realidad, usted elogia más a los pros que a los contras. Muchos lectores quieren ver lo siguiente en sus artículos de revisión;

Los pros y contras del producto.

Cada producto fabricado por el hombre tiene sus desventajas, por lo tanto, no elimine ese aspecto. Lo que deberías hacer en su lugar es minimizarlo. Recuerde que cuando usted construye confianza, a sus lectores no les importará comprarle ningún producto.

No quites las desventajas, en su lugar, minimízalas.

Dígales por qué el producto es el indicado para ellos

Mucha gente cuando lee las críticas quiere saber por qué necesitan ese producto. Dígales cómo el producto resolverá sus problemas y les hará la vida más fácil. Sea el vendedor y véndales la idea del producto.

Cuénteles acerca de su alta calidad y cómo se puede utilizar fácilmente

El producto puede resolver sus problemas, pero una vez que no se les convence de que es de alta calidad, entonces puede haber un montón de problemas. Usted debe hacer saber a sus lectores que el producto es de alta calidad y no les dará problemas en un futuro próximo. Si tiene una garantía, este es el momento de hacérselo saber. Hágale saber a sus lectores lo fácil que es usar un producto. Nadie quiere quedarse con un producto que necesita un título en Ciencia para su uso. Hágales saber que el producto puede ser utilizado fácilmente.

Cuénteles sobre su experiencia con el producto

Sus lectores quieren estar seguros de que el producto es el adecuado para ellos. Su artículo de opinión debe señalar lo que usted experimentó cuando usó el producto, incluso cuando no lo ha usado. Dígales cómo era la primera vez que lo encendió y cuántos minutos le llevó realizar el trabajo. ¿Fue rápido? ¿Podías hacer tu trabajo fácilmente? ¿Mostró algún signo de mal funcionamiento? ¿Utilizará el producto una y otra vez? Exponga lo que experimenta y trate de minimizar cualquier aspecto negativo.

Cuéntales sobre lo que Otros Usuarios Sintieron

Digamos que terminaste de usar el producto y convenciste a otros para que lo usaran, ¿cómo se sintieron? Consiga que otros usuarios que hayan utilizado el producto escriban una reseña sobre él. La investigación muestra que la gente tiende a creer en las críticas escritas por otros que en las escritas por alguien que puede ganar con una venta. Esto significa que usted debe obtener los pensamientos de los demás. Intenta filtrar sus opiniones antes de subirlas. Usted no quiere que alguien hable mal de su producto o servicio. Eso no es todo, no haga que el producto parezca infalible; puede hacer que las críticas de otros sean más humanas permitiéndoles compartir un inconveniente que no debería desanimar a otros a comprar.

Toda reseña debe ser adaptada para que sus lectores hagan la compra.

A continuación se presentan algunas cosas que debe tener en cuenta al escribir las reseñas:

Las críticas deben ser honestas.

Como se mencionó anteriormente, mucha gente tiende a escribir sobre los grandes aspectos de un producto e ignora las desventajas. Su reseña debe parecer honesta, poseedora de todos los aspectos, aunque puede restar importancia a los aspectos negativos. No olvide introducir las imágenes del producto y repartir los pensamientos importantes sobre el producto.

Utilice su tono personal:

El artículo de opinión debe estar escrito en un tono personal. ¿Por qué es así? Sus lectores quieren ver la recomendación personal, y pueden notar si la reseña no parece personal. Escríbela como si estuvieras narrando tu experiencia en un tono de conversación.

Trate de usarlos antes de recomendarlos. Antes de escribir el artículo de opinión, considere primero hacer uso del producto, ya que esto le da un conocimiento de primera mano del producto.

Si por alguna razón no puede, lea muchos artículos de opinión sobre el producto o servicio, y con la información recopilada, escriba la suya.

2. Escribir artículos de comparación de productos
Antes de que mucha gente compre un producto, les gusta compararlo con sus sustitutos. Usted puede utilizar esto a su favor comparando el producto que promociona y sus competidores. Trate de minimizar la efectividad de sus competidores.

Uno puede decidir tomar una muesca comparando productos del mismo fabricante. Incline a su favor el producto que está promocionando. Escribir una comparación de productos permite a las personas decidir qué producto desean comprar.

Escriba las características de los productos que está comparando. Trate de anotar sus similitudes, así como sus diferencias. Existen otras formas de promocionar un producto o servicio, tanto si lo ha utilizado como si no lo ha hecho, y así pueden ser:

- Medios de comunicación social
- Plataformas de publicidad nativa
- Marketing por correo electrónico
- Anuncios de Google y así sucesivamente.

Los discutiremos más adelante en Fuentes de tráfico.

Capítulo 5

Cómo conseguir tráfico

El sueño de todo vendedor afiliado es tener un gran flujo de tráfico en sus blogs, haciendo clic en sus enlaces de afiliados y haciendo compras. ¿Qué es una fuente de tráfico y cómo se puede utilizar?

¿Qué es la fuente de tráfico?
La definición de la fuente de tráfico depende de si usted es un comprador de medios o un Webmaster. Para un webmaster, es una plataforma que permite a los usuarios online conocer su sitio web.

Cada visitante que viene en su sitio web tiene un origen, de donde él o ella vino, y ese origen puede ser fácilmente rastreado.

¿Qué sucede si usted es un comprador de medios?
Para un comprador de medios, es el lugar donde se puede comprar el tráfico. Tratar de saber qué es una fuente de tráfico para su sitio web, y qué fuentes deben ser explotadas para mejorar los beneficios puede ayudarle a crear las estrategias perfectas de SEM, SMO y SEO.

¿Qué debe tener en cuenta al elegir una fuente de tráfico?
Antes de elegir cualquier fuente de tráfico, hay que tener en cuenta algunas cosas.

- Cuánto Cuesta
- Cuál es el nivel de tráfico que tiene
- Si hay limitaciones y reglas para ello
- ¿Qué nivel de calidad tiene?
- ¿A qué nicho atiende?

- ¿Qué opciones de orientación están disponibles?

Exploraremos cada opción para ver cómo puede utilizar las fuentes de tráfico a su favor.

1. El costo de la fuente de tráfico

Cada fuente de tráfico existente viene con un precio, que se basa en el tipo de tráfico que ofrece, la calidad del tráfico que ofrece, y así sucesivamente.

Algunas fuentes vienen con mucho tráfico que puede ser fácilmente convertido, mientras que otras no tienen tráfico similar.

Como resultado de la mayor competencia a la que se enfrenta mucha gente, algunos sitios ofrecen el tráfico adecuado y están sobrevaluados. Hay algunos que pueden no tener un tráfico potente. Por lo tanto, son baratos. No piense que el hecho de que el primero sea más caro que el segundo, es la opción correcta para usted. Este último puede hacer que usted gane el dinero que desea. El tamaño del tráfico no es lo más importante, ya que la calidad es lo que debería interesarle.

2. La cantidad de tráfico disponible

¿Qué nivel de tráfico tiene la fuente de tráfico? Las fuentes de marketing deberían ser capaces de aprovechar las campañas para obtener mucho dinero. No todas las fuentes de marketing pueden hacerlo.

Si tiene suerte, puede tropezar con algunas redes publicitarias que le permiten acceder a sus GEO de Nivel 3 que tienen grandes volúmenes, así como menores costos.

Algunas otras redes pueden permitirle tener acceso a sus GEO efectivos, pero son muy costosos.

Es importante tener en cuenta que el nivel de tráfico no es el mismo con la red vertical a vertical y con la red de anuncios a la red de anuncios.

Una vez que empiece a buscar, se dará cuenta de que numerosas redes tienen un gran tráfico. Es importante que usted sea cauteloso en el lugar donde se origina su tráfico.

3. Restricciones, reglamentos y reglas

Muchas fuentes de tráfico del sitio web vienen con limitaciones que pueden ser molestas. Estas son cosas que hay que tener en cuenta.

Algunos tiran esas pancartas con información engañosa, en un intento de conseguir clientes, y al final, no hacen lo que han prometido.

Cada fuente de tráfico viene con sus restricciones, léalas antes de dar su consentimiento. ¿Por qué es así?

Si no conoces sus restricciones y vas en contra de ellas, puedes ser expulsado.

Si vende contenido para adultos, el uso de una red publicitaria convencional no es el adecuado para usted porque será rechazado.

4. La calidad general de la fuente de tráfico

Cuando se trata de la fuente de tráfico, algunas cosas importantes pueden afectar su calidad.

En la actualidad, hay algunas fuentes de tráfico en Internet que debe tener en cuenta, estos son el tráfico de robots. Usted quiere tráfico humano porque ellos son los que pueden hacer la compra y obtener las ganancias que usted quiere.

Algunas redes tienen una calidad de tráfico deficiente. Es triste que después de obtener una fuente de tráfico, te des cuenta de que la calidad es mala.

A continuación se presentan algunas fuentes de tráfico de pago.

Google/Bing Pago por clic (PPC)

Tanto Bing como Google se encuentran entre los motores de búsqueda más utilizados en la actualidad. Cuando una persona intenta buscar un producto, información o servicio, existe una gran probabilidad de que utilice Bing o Google.

Si usted es un vendedor afiliado, y no está haciendo uso de esta característica, entonces no ah ni siquiera comenzado. Esto lo hace un afiliado inteligente para aprovechar el efecto impresionante de los motores de búsqueda mediante la obtención de posiciones líderes, lo que les permite acceder al tráfico objetivo instantáneo.

Usemos una ilustración. Si usted es actualmente un afiliado de una moto de cross, usted puede fácilmente tener usuarios online que buscan palabras clave relacionadas con la moto de cross.

Cuando tienes un anuncio en Bing o Google, pujas por una palabra clave relacionada con tu nicho, como "mejor motocicleta". Inmediatamente alguien escribe eso, su anuncio de Google o Bing aparece en la parte superior del resultado de la búsqueda.

Tan pronto como la persona clicka el anuncio, es redirigida inmediatamente al sitio web del producto afiliado. Es importante que configure correctamente la campaña para obtener el efecto deseado.

Una vez que la persona compra el producto, se le da su comisión. Al hacer uso de las campañas de PPC, hay que tener en cuenta algunas cosas.

La única forma en que su anuncio puede ser visible es si usted está dispuesto a pujar alto y ganar el lugar durante la subasta del anunciante. Cuantas más veces se utilice el anuncio, más dinero tendrá que gastar.

Bing y Google subastan sus espacios publicitarios, lo que significa que tienes que pujar más alto si quieres conseguir el puesto. Si realiza una puja baja, es posible que no obtenga el lugar que desea, en comparación con otros que hacen una puja alta.

Una cosa que debe tenerse en cuenta es que cuando usted hace uso de las campañas de PPC, sólo se le cobra cuando un usuario de Internet hace clic en el anuncio.

Es importante que haya mirado detenidamente el copy del anuncio que se utilizó para hacer el anuncio. Tiene que estar relacionado con el anuncio que está colocando, ya que no quiere que sus clics se desperdicien. Tanto si el usuario realiza una compra como si no, usted pagará por ese clic.

Una forma increíble de evitar que los usuarios de Internet malgasten los clics es introducir la cantidad de servicio o producto en el anuncio. Esto permite al usuario considerar si está financieramente preparado para comprometerse o no antes de hacer clic. A nadie le gusta pagar por los clics desperdiciados.

Lo que hace un afiliado inteligente es crear un anuncio que está vinculado a ese producto, y colocarlo frente a aquellos que quieren comprar - una forma de hacerlo es optar por palabras clave de intento de compra.

Lo que hacen las palabras clave de intento de compra es dirigirse a aquellos usuarios de Internet que quieren comprar porque han utilizado ciertas palabras clave. Algunas palabras clave muestran que el usuario de Internet quiere comprar un producto.

Un ejemplo de una palabra clave de intento de compra es "Impresora Canon MG3022". Esto es muy específico y muestra que el comprador tiene la intención de hacer una compra.

Una gran manera de trabajar en sus tasas de CTR es introducir un montón de palabras clave de intento de compra en las campañas de PPC que se ejecutan.

Una cosa que aconsejo a cada afiliado es que antes de que su campaña de Bing o Google PPC sea creada, ellos tienen que hacer una investigación sobre lo que otros en la industria están haciendo. ¿Cómo están creando sus páginas de destino? ¿De qué tipo de texto publicitario están haciendo uso? ¿Qué palabras clave están incorporando en sus campañas?

Una cosa que debe ser considerada es que Bing y Google son conocidos por cobrar poco y dar sus recompensas si usted puede producir publicidad inteligente y dirigida. Los afiliados inteligentes copian de otros y lo hacen suyo. Haga lo mismo llevando a cabo una investigación adecuada. Nada debería detenerte de averiguar cómo otros afiliados están creando sus anuncios. Cuando lo averigüe, use el mismo método.

Canales de Social Media Marketing

Atrás quedaron los tiempos en que las redes sociales se utilizaban únicamente para charlar con los seres queridos. Ahora, muchas empresas y vendedores afiliados están en diferentes redes sociales que las explotan. Instagram, Twitter y Facebook son herramientas que todo negocio afiliado que quiera tener éxito debe utilizar. Muchas marcas están ahí arriba, haciendo uso de las redes sociales que tienen su público objetivo para mejorar sus ventas. Las palabras clave son "público objetivo". Hagas lo que hagas, trata de usar sólo las redes sociales que tengan tu público objetivo, y evita las que no lo tengan. No debes estar presente en todas las redes sociales. Las marcas inteligentes y los afiliados sólo están en aquellas que tienen el tráfico necesario.

La investigación realizada por Social Media Examiner muestra que más del cincuenta por ciento de los vendedores afiliados que hicieron uso de los medios de comunicación social durante un mínimo de dos años notaron un notable aumento en las ventas.

Para utilizar los medios de comunicación social para promover sus productos, usted tiene que entender su uso.

Puedes empezar escribiendo un gran contenido sobre tus productos y luego compartirlos en las redes sociales con tu público objetivo. Algunos se dedican a crear páginas, cuentas y grupos para promocionar su marca.

A continuación se presentan algunas estrategias de medios sociales que usted debe considerar utilizar si desea sobresalir con las herramientas.

1. Utilice la red social adecuada.
Como se mencionó anteriormente, no todas las redes sociales funcionan para ti. Apenas se puede ver una marca de éxito activa en todos los medios sociales. Si eso es posible, es menos activo en algunos y pasa mucho tiempo en otros.

¿Dónde está su público objetivo? ¿A quién va dirigido? ¿Son adolescentes? ¿Son profesionales de negocios? ¿Son gente conocedora de la tecnología? ¿Quiénes son ellos?

Todos los que aparecen en la lista anterior tienen una red social que frecuentan. Podría ser Facebook, Instagram, Snapchat, Twitter, Pinterest, LinkedIn, etc. Es su trabajo averiguar cual frecuentan y donde pasan la mayor parte de su tiempo, tratando de captar su atención. Busca aquellos temas que puedas resolver para ellos y comienza a ofrecerles el asesoramiento necesario. Antes de que empieces a empujar tus productos hacia ellos, tienes que ganarte su confianza.

2. Cree el contenido adecuado en el momento adecuado.
El contenido es algo que su estrategia de medios sociales necesita. Al crear contenido, es importante que el contenido no tenga que ser únicamente palabras escritas. En algunos casos, pueden ser de vídeo. La comercialización de vídeo es conocida por ser mucho más eficaz que las palabras escritas. Vivimos en un mundo donde la gente odia leer y le encanta ver videos. ¿Has oído hablar de un post escrito que se vuelve viral? Es poco común. ¿Y si un video se vuelve viral? Esto es común. Mucha gente prefiere ver el video de palabras escritas que leer palabras escritas. Esto no significa que cualquier vídeo pueda funcionar, incluso cuando es aburrido. Cualquier video que crees debe ser interesante. A nadie le gusta aburrirse.

Si usted decide que una entrada es la que puede hacer el truco, incluya fotos. Los cuadros despiertan el interés de los demás. Deberías hacer un balance de cuántas veces has subido los mensajes, y de qué manera lo haces.

3. Construya su red.

Busca aquellas redes sociales que tengan personas que estén interesadas en tu industria y que hablen de ellas. Empieza por volver a twittear, respondiendo a cualquier pregunta que se te hayan hecho. Una vez que usted es notado como una marca que no tiene miedo de responder a las preguntas, la confianza en usted aumenta. Esta es una forma de construir su red.

Cualquiera que sea su estrategia, debe estar conectada con el negocio.

El objetivo principal de todo lo que haces es aumentar las ventas. ¿Cómo se puede hacer esto si no se ven los efectos en su negocio?

El uso de las redes sociales ha demostrado que no sólo debes dirigirte a tus prospectos, sino también a los amigos de tus prospectos. Es más probable que la gente escuche las palabras de los demás, hablando de un producto que de otra persona que está tratando de hacer una venta del producto.

Algunas redes sociales que deberías considerar usar son las siguientes:

Facebook/Instagram Ads

Actualmente, tanto Facebook como Instagram son las plataformas de medios sociales más utilizadas. Esto significa que hay una gran posibilidad de que sus prospectos estén ahí. Si se hace correctamente, usted puede generar tráfico desde allí hasta su sitio web. Puedes convertir el tráfico a clientes que quieran hacer más clic, ver tus videos e instalar tus aplicaciones móviles.

Obtener estos resultados es posible, pero hay que esforzarse.

Facebook e Instagram Ads trabajan juntos. No es necesario crear una cuenta Instagram para poder crear un anuncio Instagram. Puedes utilizar tu cuenta de Facebook. Se puede acceder a esta opción en la configuración de la cuenta.

Eso no es todo, ya que estos canales de medios sociales le permiten reducir cuánto gasta en marketing, ya que sus anuncios pueden ser fácilmente dirigidos a la audiencia adecuada.

Digamos que estás promocionando una moto de cross; puedes hacer que tu anuncios estén dirigidos a aquellos que son amantes de las motocicletas de cross y sus accesorios.

Una cosa que a muchos de los profesionales del marketing les encanta de ambas plataformas es el hecho de que sus opciones de segmentación están bien definidas. Esto significa que usted puede elegir a quien quiera que su producto se dirija.

Instagram y Facebook son redes sociales, donde la gente trata de divertirse, por lo tanto, cualquier cosa que hagas allí debe ser adaptada para que sus vidas sean divertidas. Nadie dejará una actividad divertida para mirar un anuncio aburrido. Un afiliado inteligente sabe cómo adaptar sus anuncios para captar la atención de su público objetivo.

Dado que Instagram y Facebook tienen muchas opciones de segmentación, permiten a las empresas llegar a sus clientes potenciales poniendo los anuncios en las historias de Instagram o en las noticias. Esto evita que los anuncios aparezcan como fuera de lugar.

Es aconsejable seguir los siguientes consejos si desea mejorar su tasa de conversión en los anuncios de Facebook e Instagram.

Ignore el método de $5/día.

Muchos afiliados han cenado y bebido con este método. A los nuevos afiliados se les enseña a usar el método de $5/día. Una cosa que puedo afirmar es que cuando usted está probando las opciones de anuncios de Instagram y Facebook, usted trata de dividir las pruebas de diferentes textos de anuncios, intereses, así como la creatividad en los anuncios. Esto sólo se puede hacer cuando no se utiliza un solo teléfono. Durante mucho tiempo, he dominado el arte de las opciones publicitarias de Facebook e Instagram, y puedo decirles que la narrativa de "5 dólares al día" es ineficaz.

Lo que debe hacer en su lugar es crear activos variables diariamente y gastar alrededor de $5/día. Trate de comparar cada activo y vea cuál es el mejor.

Piensa fuera de la caja.

Mucha gente que vende productos de pérdida de peso o son afiliados para ellos tienden a apuntar sólo a aquellas mujeres que quieren perder peso. En muchos casos, esto no funciona. Muchos competidores están haciendo cosas similares y han saturado el mercado. Lo que usted debe hacer es tratar de buscar fuera del nicho de audiencia para conseguir la audiencia objetivo correcta.

Para la pérdida de peso, usted puede tratar de enfocarse en aquellas cosas que generalmente les gustan a las mujeres.

No seas subjetivo

Antes de tomar una decisión, mire los hechos. Deje que los hechos sean la base de su decisión. No pienses que porque te guste algo, a otro también le gustaría.

Plataformas de publicidad Native Ads

A estas alturas, probablemente se esté preguntando qué son los anuncios de Native Ads. Los anuncios nativos son aquellos que se muestran en una página web que parece ser un aspecto del contenido del sitio. Es un anuncio, pero se hace sentir como parte del contenido. Ya que no aparecen como anuncios, funcionan muy bien.

Si usted decide optar por la publicidad nativa en su marketing de afiliados, lo que necesita hacer es crear los anuncios de estilo de pantalla habitual, pero las cajas que se pueden ver debe ser una parte de la página web.

Si lo analizas con la publicidad online tradicional, te darás cuenta de que es impresionante.

Mucha gente no confía en los anuncios online tradicionales de la misma manera que confía en la publicidad nativa.

¿Por qué debería utilizar anuncios nativos para el marketing de afiliados?

La verdad es que los clientes prefieren los anuncios nativos a otros tipos de anuncios. Cuando compare las estadísticas de ambos, se sorprenderá de los resultados.

Los estudios han continuado mostrando que los anuncios nativos han acumulado un 53% más de velocidad de visualización en comparación con los anuncios de banner tradicionales. ¿Por qué es así? Mucha gente ha desarrollado la cultura de despreciar los anuncios de afiliados.

Si desea mejorar sus tasas de conversión, debería considerar el uso de anuncios nativos.

A continuación se presentan algunas empresas de anuncios nativos que puede utilizar para promover sus productos o servicios de afiliados:

- Taboola
- MGID

- Outbrain
- Revcontent
- NativeAds

El marketing de afiliados es saber jugar con los pensamientos de sus espectadores y conseguir que lleven a cabo la acción necesaria. Desde que esto no sucede los vendedores afiliados iniciaron a usar los anuncios nativos y el camuflaje de sus anuncios.

Un gran ejemplo de un anuncio nativo son los feeds de noticias que se ven en muchas redes sociales. Algunos vienen como listados promocionados que se muestran al principio de los elementos de búsqueda. También podrían ser las recomendaciones de contenido que se muestran al final de un artículo. Por lo general, los anuncios nativos comienzan con palabras como "mensaje sugerido" o "mensaje recomendado para ti" o el habitual "contenido patrocinado".

Puede crear anuncios nativos utilizando diferentes elementos de metadatos como titulares, contenido de URL, imagen en miniatura, etc. Si desea que su anuncio nativo se clasifique en los primeros puestos, debe estar hecho de un contenido excelente.

Una cosa que aconsejo a los vendedores afiliados es que antes de gastar dinero en un editor para ejecutar un anuncio nativo para ellos, tienen que estudiar el editor. ¿Cuántas personas ven el contenido de la editorial? ¿Son los lectores parte de su mercado objetivo? Esto debe ser respondido para asegurar que se cumplan los resultados necesarios.

Se recomienda que antes de pagar al editor para que aloje el anuncio, haga su tarea sobre el editor específico. Usted desea un editor con altas estadísticas de lectores y que se enfoque en su mercado objetivo.

Una cosa que deberías considerar hacer es formar una conexión con tu editor. Cuando usted tiene una relación con él, él puede hacerle saber si su contenido está funcionando bien o no. Puede subirle un poco el nivel diciéndole por qué no le va bien.

Cuando usted considera la tasa de respuesta para los anuncios nativos, se sorprenderá. Mucha gente tiende a hacer clic en ellos porque parecen ser el contenido del sitio web en el que están.

Algunos pueden hacer clic en él porque sienten que es contenido editorial, mientras que otros saben que es un anuncio nativo, pero aún así, hacen clic en él porque les gusta el hecho de que no es intrusivo.

Anuncios de SnapChat
Muchos afiliados aún no han utilizado esta plataforma, pero según las estadísticas recopiladas, es un espacio publicitario impresionante, especialmente si se promocionan productos para los jóvenes.

Snapchat ofrece anuncios de bajo coste, y es una fuente de tráfico que está sin explotar. Muchas marcas que atienden a los jóvenes utilizan esta plataforma.

Mucha gente está centrando toda su atención en Instagram y Facebook, y puede parecer que ambos lugares se están saturando.

Si te encuentras entre los que utilizan mucho los anuncios de Instagram y Facebook y quieres algo nuevo, puedes probar los anuncios de Snapchat. Si usted es uno que todavía no ha cosechado grandes beneficios de los anuncios de Instagram o Facebook, debe considerar el uso de esto.

Basado en un estudio de Adage, los anuncios de Snapchat son mucho más baratos que sus contrapartes, con miles de impresiones que cuestan $2.95. Para Facebook e Instagram, se espera que pagues $5.12 y $4.20 respectivamente por impresiones similares.

Antes de empezar, es aconsejable probar la plataforma con un presupuesto mínimo para ver si puede manejarla correctamente. Si su audiencia no es de millenials, debería considerar llevar su negocio a otra parte.

Tráfico orgánico

Creación de un canal de YouTube

Como se mencionó anteriormente, la comercialización de vídeo es la última tendencia en el negocio, y se sabe que es mucho más eficaz que otras formas. ¿Por qué es así? El video marketing tiende a crear el efecto emocional que usted quiere que los prospectos sientan. Eso no es todo, ya que es muy bueno para atraer a su público objetivo.

La comercialización de vídeos tiene que estar considerado en su plan de marketing de afiliados, si no es así, pues debe hacerlo.

Si desea aumentar el tráfico, debería considerar la posibilidad de añadir un vídeo a su campaña de afiliados.

El contenido de vídeo no cuesta mucho, ya que hay muchas aplicaciones que se pueden utilizar para crear vídeos de alta calidad.

Antes de seguir adelante con los anuncios de YouTube, exploremos cómo crear un contenido de vídeo impresionante.

Debe estar relacionado con su marca

Cualquier contenido de vídeo que hagas tiene que estar relacionado con tu marca. Por mucho que quieras que sea interesante, será ineficaz si el video no habla de ninguna manera del "evangelio" de tu marca. Puedes crear un video sobre lo que el producto que promocionas puede hacer, de una manera creativa. Es posible que los espectadores no lo sepan hasta que, al final, el mensaje sobre su producto se les haya "metido en la cabeza".

Debe ser corto

El video debe ser corto. Nadie quiere pasar veinte minutos viendo un video sobre su producto. Antes de que una persona vea un video, tiende a mirar la longitud del mismo. Si es largo, la persona pierde el interés inmediatamente, y dirige su atención hacia algo o alguien más. Puedes hacer un video corto de un minuto que hable inteligentemente de tu marca.

Debe ser interesante desde el principio.

Esto es algo que no debe ser ignorado. Cualquier contenido de vídeo que hagas tiene que ser interesante desde el primer momento. Nadie tiene interés en ver un video aburrido, esperando que haya un giro, y de alguna manera, se vuelve interesante. Tienes que hacerlo interesante desde el principio. Deje que la acción comience, el vídeo se desenvuelva inmediatamente y vea cómo sus espectadores se quedan hipnotizados.

Debe tener un contenido que atraiga la respuesta emocional necesaria de los espectadores.

El video tiene como objetivo obtener la respuesta emocional necesaria de los espectadores para que puedan realizar una compra. Las marcas inteligentes han dominado el arte de conseguir que su público compre manipulando sus emociones. Esto es lo que debería hacer su vídeo. Debe irritarlos hasta el punto de que no sepan cuándo hacer una compra.

Debe ser de alta calidad

El contenido del vídeo debe ser de alta calidad. ¿Has visto una película con malos gráficos? ¿Cómo te sentiste? Hay una gran posibilidad de que la hayas tirado y hayas hecho otra cosa. Esta es la respuesta normal a un video de mierda. Cualquier vídeo, por muy corto que sea, tiene que ser de alta calidad.

Al crear su vídeo de YouTube, la calidad es importante para los visitantes, no el número de los que lo transmiten. Si un afiliado tiene un gran número de personas a las que transmite el video, y sólo unos pocos de ellos hacen la compra, puede ser molesto.

La publicidad de tráfico es efectiva cuando usted ha adaptado sus anuncios de YouTube para atraer sólo a aquellos que quieren comprar sus productos o servicios.

El video de YouTube debe tener una llamada a la acción

Como se ha dicho antes, el vídeo debe estar vinculado a su marca. Debe ser una forma inteligente de publicidad que no intente forzarlos a hacer una compra, sino que les haga saber que lo correcto es hacer una compra. Para ello, puede añadir una llamada a la acción en el vídeo.

Los videos de YouTube que tienen que llamar a la acción tienden a mejorar el tráfico que llega al sitio del afiliado. No será una mala idea incluir una oración o algo así en el cuadro de descripción del video. Esto le permite a su público objetivo saber mucho sobre usted. El cuadro de descripción también debe tener la URL de su sitio web añadida, en un intento de hacerles saber a dónde pueden ir después de haberlo visto.

Formas de utilizar los anuncios de YouTube
Antes de seguir adelante, es importante señalar que YouTube es el segundo motor de búsqueda más utilizado después de Google. ¿Has notado que una vez que buscas algo en Google, tiendes a ver videos de YouTube relacionados a ello? ¿Te has preguntado por qué? Google es dueño de YouTube y tiende a favorecer los anuncios de YouTube. Esto significa que sus anuncios de YouTube no sólo aparecen en YouTube, sino que también llegan a Google.

Convertirse en un socio de YouTube

Antes de que se le permita compartir sus vídeos de afiliados, debe ser socio de YouTube. Convertirse en socio de YouTube es muy sencillo. Todo lo que tienes que hacer es crear un vídeo que pueda atraer a muchos espectadores.

¿Cómo sabe si ha obtenido las opiniones necesarias? Es muy sencillo cuando YouTube se pone en contacto contigo para escribir tu información en una aplicación. Inmediatamente se te ha hecho socio; y luego es fácil introducir sus enlaces de afiliado. Una vez que los espectadores lo clickan, usted ganará su comisión inmediatamente, si su tipo de marketing de afiliados es el tipo PPC.

Cualquier enlace que se añada al vídeo debe estar vinculado al producto que está promocionando si desea que sus actividades sean efectivas.

Es aconsejable que no se limite a crear un vídeo, y que espere que sea un éxito en cuanto a vistas y dinero para usted. Crea muchos videos, y te ayudarán a mejorar tus posibilidades de ganar dinero.

Crear vídeos de reseñas

YouTube se jacta de tener muchos videos; por lo tanto, como vendedor, usted tiene que tratar de obtener sus videos de reseñas práctica.

Debería aparecer como un vídeo personal que le informe de su experiencia al hacer uso del producto. Antes de hacerlo, debe haber utilizado el producto usted mismo. Cualquier cosa que le digas a tus espectadores debe ser objetiva y honesta. Cualquier cosa que hagas debe estar orientada a ganar la confianza de los espectadores. Si usted sale como un mentiroso, usted no tendrá visitantes a sus sitios web, haciendo cola para hacer uso de sus enlaces de afiliado.

El vídeo debe ser adaptado para el marketing de afiliados. ¿Qué quiero decir con esto? Intenta que tu enlace de afiliado sea introducido tanto en el vídeo como en el texto. Esto permite al espectador saber cómo se relaciona el enlace de afiliado con el vídeo, y no les importará hacer clic en él.

El enlace de afiliado puede venir en varios estilos. Puede ser una URL de introducción, una de descarga o puede ser la página de inicio del comerciante de productos.

Hagas lo que hagas, nunca olvides añadir tu ID de afiliado para que puedas recibir el pago una vez realizada la compra.

Uso de enlaces cortos de afiliados con seguimiento

¿Has mirado algunos enlaces de afiliados, y todo lo que se te ha ocurrido es que tan largos y molestos se ven? ¿Qué hay de otros enlaces que son cortos y agradables a la vista? Algunos incluso se personalizan para que se ajusten al sitio web de la persona. Si quieres esto último, puedes usar una capa de enlace como ThirstyAffiliates.

Este es un plugin diseñado para su sitio web que le permite redirigir a los usuarios de Internet a través de una URL en su sitio web a donde se encuentra la oferta del afiliado.

Usted debe tratar de obtener otras herramientas como el seguimiento de las estadísticas. Te ayudan a buscar las ofertas que son interesantes para la gente.

Vídeos de "Cómo hacerlo"

Muchos usuarios de Internet se sienten atraídos por los vídeos explicativos. La gente quiere saber cómo pueden usar inteligentemente un producto o servicio de formas diferentes de las que no tenían ni idea. ¿Qué puede hacer el producto por ellos? Muéstrales astutamente. ¿Qué hay de los guardias que no conocían antes? Puedes hacer videos de jacks, y antes de que te des cuenta, tienes un gran número de seguidores que están interesados en tu contenido.

Usar anuncios de YouTube

De la misma manera que se pueden colocar anuncios en los motores de búsqueda como Google y Bing es la misma manera que se pueden colocar anuncios en YouTube. ¿Has notado esos anuncios que pasan mientras ves un video de YouTube? Son marcas que anuncian sus productos a través de los vídeos de otros. Puede hacer lo mismo mientras crea sus vídeos personalizados. YouTube tiende a colocar los anuncios en los videos de aquellos con un número considerable de seguidores.

Rentabilice sus vídeos de afiliados

Usted puede ganar dinero a través de sus videos de afiliados de muchas maneras. Aparte de conseguir que tus espectadores hagan compras con tu enlace de afiliado, puedes ganar dinero con YouTube. Sí, lo has leído bien.

Haz que tu video sea monetizado en YouTube. ¿En qué consiste la monetización? ¿Permite que YouTube coloque anuncios en el vídeo? Esta es una segunda forma de ganar que no te hace levantar las manos en estrés.

Cuando monetizas tu video, haces que parezca real y libre de derechos de autor, atrayendo así a muchos visitantes.

Si quieres que tu monetización mejore, tienes que conseguir que mucha gente vea los vídeos que subes a YouTube. Aparte de eso, mantente en contacto con tus espectadores. Si hacen una pregunta, contesta. Usted puede tomar una muesca utilizando un clip corto para responder a su pregunta.

A nadie le gusta ser ignorado y tener que conectarse con su comunidad de YouTube.

Capítulo Seis

Construcción de un sitio web y optimizarlo con técnicas de SEO

Cada vendedor afiliado necesita un sitio web, donde usted puede promover fácilmente los servicios o productos que desea. Para que un sitio web obtenga el tráfico definido, tiene que ser optimizado usando SEO.

Cada vendedor quiere que su sitio web tenga un alto rango durante una búsqueda, y las estrategias de optimización de motores de búsqueda ayudan a conseguirlo. ¿Por qué debe su sitio web ocupar un lugar destacado? Cuando una persona busca una palabra clave online, hay una gran posibilidad de que se conforme con el primer sitio web que aparece. Si el primero no ofrece los detalles necesarios, se desplaza hacia abajo para ver los otros sitios web en la primera página del resultado. Apenas si hay alguien que va a la segunda página o a las páginas siguientes cuando ha encontrado lo que busca en la primera página.

¿Alguna vez se ha preguntado cómo es que algunos sitios web siguen ocupando un lugar destacado en los resultados de los motores de búsqueda? La respuesta es muy simple. Para ello, llevan a cabo estrategias de SEO.

Constantemente introducen las palabras clave comunes que la gente busca en su contenido. Con el tiempo, cuando esas palabras clave son buscadas, llegan a la cima. Muchos de ellos van para las palabras clave personalizadas o palabras clave de cola larga.

Usemos un ejemplo. En lugar de utilizar una palabra clave corta como "Autos en América", se utiliza una palabra clave más personalizada o de cola larga como "Autos Toyota en

Texas". Mucha gente ahora localiza sus búsquedas, introduciendo su ubicación con cualquier palabra clave que introduzcan en el navegador.

Como vendedor afiliado, usted necesita utilizar un montón de extensiones de SEO y plugins para conseguir aparecere en la parte superior de los resultados de los motores de búsqueda. Hay numerosas herramientas por ahí que pueden hacer que su tráfico de destino mejore.

Hemos escrito un montón de herramientas que pueden ser utilizadas para llevar a cabo la investigación de SEO adecuado.

Google Analytics

Si usted es un vendedor afiliado, y está todavía por utilizar Google Analytics, pues deberías hacerlo ya. Esta es una herramienta que casi todos los socios afiliados exitosos utilizan, ya que les permite conocer el origen de su tráfico. Se toma una muesca al averiguar los visitantes a su sitio web, qué página les gustaba o no, sus preferencias y así sucesivamente. Si quieres saber mucho sobre tus visitantes, necesitas Google Analytics. Si aún no ha utilizado esta herramienta, hay muchos videos tutoriales online que pueden ayudarle.

Google Adwords

Esta es otra herramienta de SEO de Google que no sólo es gratuita sino también impresionante. Antes de poder utilizar Google AdWords, debe crear una cuenta. Hacerlo es fácil. Usted puede averiguar fácilmente qué palabras clave se utilizan mucho actualmente por los visitantes online que necesitan productos en su nicho. Te ayuda a limitar tu búsqueda a esos lugares que importan, la ciudad y viene con otras opciones de filtro.

Google Search Console

¿Alguna vez ha querido saber cómo ve su sitio Google? Esta herramienta ayuda. Con Google Search Console, usted obtiene la vista aérea de su sitio de la misma manera que Google lo ve. Hacer uso de esta herramienta es sencillo, ya que todo lo que tiene que hacer es verificar su sitio web. Una vez hecho esto, puede vincular su cuenta de Google Analytics a su sitio web. Hacer esto, le permite ver una gran cantidad de datos importantes acerca de su sitio web. Lo que hay que cambiar, y así sucesivamente. También puede obtener datos gratuitos, como la selección de objetivos internacionales, mapas de sitio, etc.

Herramienta Portent SERP Preview

¿Ha redactado un borrador de un contenido y desea ver si se clasificará en los primeros puestos durante una búsqueda en un motor de búsqueda? Puede hacer uso de esta herramienta.

Todo lo que tienes que hacer es teclear la URL, la meta descripción, el título, así como las palabras clave, que fue la forma en que se optimizó el post. Obtendrá los resultados inmediatamente.

Yoast SEO plugin

Este es un plugin que es amado por muchos de los vendedores afiliados. Se puede instalar fácilmente en su sitio de WordPress, sin estrés. Ayuda en la optimización de su sitio web al empujarlo a escribir un gran contenido, que puede ser posicionado correctamente durante una búsqueda.

El plugin analiza si las imágenes de sus listas tienen la palabra clave correcta. También le hace saber si su texto, meta descripción y título han sido optimizados usando las palabras clave correctas. Facebook OpenGraph ayuda a implementar este plugin.

Soovle

Esta herramienta le permite saber qué palabras clave se utilizan mucho en base a las búsquedas realizadas por personas de todo el mundo.

Si está buscando las palabras clave adecuadas para incorporar a su contenido, esta herramienta puede ayudarle con una lista de palabras clave.

Keyword Spy

Si desea saber cómo otros están llevando a cabo su estrategia de SEO, puede utilizar Keyword Spy. Esta herramienta le permite ver qué palabras clave están utilizando sus competidores. También puede averiguar sus estrategias de campaña orgánica, qué herramientas de PPC están utilizando, así como la cantidad que gastan en AdWords. Esta es la herramienta perfecta para espiar a sus competidores.

La herramienta le ofrece informes diarios que le permiten estar por delante de los demás en el juego. Puede acceder a los datos en tiempo real cuando lo desee.

Capítulo 7

Creación de su lista de correo electrónico

Muchos vendedores pueden quejarse de que tener una lista de correo electrónico no funciona tan bien como antes. ¿Por qué debería hacerlo cuando los tiempos han cambiado? Alguna vez, la gente no tenía otras opciones, pero ahora, con un montón de opciones, los vendedores afiliados tienen que mejorar en su trabajo preliminar, si es que quieren tener éxito a través del marketing por correo electrónico.

La clave del email marketing es tener una lista de correo electrónico dirigida y muy buena para usarla. No se convierta en uno de esos vendedores afiliados que compran listas de correo electrónico y envían mensajes de spam a la gente, esperando uno o dos clics. No funciona, y esta actividad es una pérdida de tiempo.

¿Qué se debe hacer en su lugar? Usted debe crear su lista de correo electrónico de los que tienen interés en sus productos, y no comprar listas de correo electrónico de extraños al azar, y el envío de mensajes que terminarán en el correo basura.

El correo electrónico es una herramienta importante que cada vendedor afiliado debe utilizar porque es muy eficaz cuando se utiliza bien. Puede llegar a miles de personas, sin que usted tenga que pagar tanto como una vez. Es importante aprender a crear una lista de correo electrónico dirigida y un contenido impresionante que pueda hipnotizar a sus destinatarios. Vamos a analizar cómo convertir su experiencia de marketing por correo electrónico en una empresa rentable.

La longitud y la amplitud de la comercialización del afiliado a través del correo electrónico es el envío de mensajes a la dirección de correo electrónico de sus suscriptores, mientras que incrustar el enlace de afiliado en el correo enviado.

Inmediatamente el destinatario hace clic en el enlace y compra el producto; usted recibe una comisión. Es así de simple si se hace bien.

Construir tu lista de correo electrónico no es un camino fácil si no sabes lo que estás haciendo. Se trata de una estrategia de la que hablaremos más adelante.

Por ahora, usted ya entiende lo que el marketing de afiliados a través del correo electrónico abarca, ahora vamos a discutir por qué lo necesita en su negocio de afiliados.

Vamos a pintar un cuadro. En una semana, más de diez mil personas se tropiezan con su sitio web, donde usted ha promocionado productos relacionados. Ese número parece genial. De ese gran número, sólo cien personas parecen estar interesadas en lo que el producto ofrece. Otros pueden haber tropezado en la página por error o debido a un anuncio impresionante que habían visto en alguna parte.

Usted tiene cien personas que parecen interesadas, pero de ese número, sólo unas pocas personas quieren adquirir el producto. De esas pocas personas, no todo el mundo puede pasar por eso.

Las ventas todavía se realizan, pero no tanto como usted hubiera deseado.

Una lista de correo electrónico es aquella que tiene una miríada de clientes objetivo que están interesados en lo que su producto ofrece. Son personas que han usado sus manos para suscribirse a la lista. Por lo tanto, quieren aprender más sobre ese servicio o producto.

Usando una imagen similar, digamos que usted tiene una lista de correo electrónico de diez mil suscriptores, existe la posibilidad de que un mayor porcentaje de los que se suscribieron compren porque ya están interesados en lo que usted está promoviendo.

La longitud y la amplitud de lo que estamos tratando de explicar es que una lista de correo electrónico dirigido es muy necesario para que el marketing de afiliados tenga éxito. Los visitantes aleatorios de un sitio web no pueden tener el mismo efecto que los clientes objetivo.

Creación de listas de correo electrónico de marketing

Ahora que usted sabe por qué necesita una lista de correo electrónico específica, vamos a discutir las formas de construir la lista. Puede iniciar una lista de correo electrónico creando la opción de suscripción en su sitio web. Los visitantes que estén interesados en su producto pueden registrarse fácilmente con su dirección de correo electrónico para recibir su mensaje.

Para que su lista de correo electrónico sea creada con éxito y rapidez, usted tiene que ofrecer dos cosas principales.

El primero es un contenido impresionante. ¿Por qué deberían molestarse en registrarse, cuando el contenido de su sitio web parece aburrido? Eso significa que los aburrirás en tus correos electrónicos.

¿Por qué deberían inscribirse si no les ofreces un obsequio? Esto nos lleva a la segunda cuestión. Casi todos los usuarios de Internet quieren algo gratis, y cuando lo cuelgues delante de ellos, no les importará suscribirse al contenido de tu correo electrónico.

Cree una oferta de inclusión voluntaria, en la que su visitante no tenga otra opción que darle su dirección de correo electrónico para obtenerla. Usted puede empezar por ofrecerles un libro electrónico gratuito relacionado con el nicho, algo que no pueden rechazar.

Podría ser un cupón o un regalo. Cualquier cosa que des debe estar vinculada a tu nicho, y no lo suficientemente aburrida como para hacerlos mirar hacia otro lado, en lugar de separarse rápidamente de su dirección de correo electrónico.

En su sitio web, es aconsejable que la opción de registro sea fácil de ver. No la escondas. Asegúrese de que ha sido anunciado correctamente y de que es fácilmente accesible para cualquier persona que desee inscribirse.

Regístrese fácilmente en su lista de correo electrónico. No lo esconda en su sitio web. Anúncialo claramente y asegúrate de que estás ofreciendo algo que tus lectores quieren.

Gana dinero con una lista de correo electrónico
El objetivo de conseguir que sus visitantes se registren es ganar dinero con la lista de correo electrónico. ¿Cómo puedes ganar dinero con la lista de correo electrónico? Usted tiene que producir un contenido de correo electrónico regular impresionante. Nadie quiere aburrirse. El mundo de hoy es uno que tiene muchas opciones de entretenimiento. En un segundo, pueden tener acceso a numerosas aplicaciones de medios sociales, y en el otro, están transmitiendo videos online. Esto significa que el contenido de su correo electrónico tiene que ser de primera calidad.

Muchos destinatarios acaban sin hacer clic en el correo electrónico porque el título parecía aburrido.

Su impresionante contenido tiene que empezar con el título del correo electrónico. Haz que parezca urgente e interesante. Deje que el destinatario sienta que si no abre el correo electrónico inmediatamente, todo puede salir mal. Hazlo dándole al correo electrónico un título pegadizo. Una vez hecho esto, la siguiente línea de acción es asegurar que el cuerpo del correo sea interesante. Haz que valga la pena su lectura, y que tenga un tono urgente. Dígales que si no hacen clic en el enlace de afiliado puede perder un descuento o los beneficios impresionantes del producto o servicio. Asegúrate de que el correo electrónico esté hecho a medida para que actúen.

Si no haces nada de lo anterior, y en su lugar envías correos aburridos que sólo tienen enlaces de spam, habrá un resultado. Sus suscriptores se desuscribirán rápidamente sin parpadear.

Lo que usted quiere es un contenido de correo electrónico que invite a la reflexión y que venda. Por mucho que quieras que tus suscriptores piensen siempre en ti, no les envíes muchos mensajes a diario. Evite el impulso. Lo que debe hacer en su lugar es enviarlo semanalmente. No agregue sus servicios o productos de afiliados en cada correo. No deje notar que usted sólo está tratando de tomar más y más de su dinero. Lo que debe hacer es darles contenido gratuito y valioso. Sepa cuándo enviarles correos electrónicos con sus productos de afiliados y cuándo sólo debe darles contenido impresionante relacionado con su nicho. Sepárelo y se sorprenderá con los resultados.

Mientras envías esos correos electrónicos, nunca olvides que tienes que cultivar una relación con aquellos que se suscriben a tu correo. Tienes que hacer que confíen en ti, y esto se puede hacer no enviándoles muchos correos con tus enlaces de afiliados cada vez.

Cuando usted produce contenido interesante, ellos estarán ansiosos de abrir su correo electrónico inmediatamente, ya que al entrar en su bandeja de entrada y leeran cualquier mensaje que usted les haya enviado.

Crea un iman de contactos (leads)
Muchos usuarios de Internet quieren estar interesados. Evitan a aquellos que les envían mensajes spammy en un intento de ganar dinero. La verdad es que la gente no se mete la mano en la cartera y hace compras porque usted dice que tiene que hacerlo. No hay ningún tipo de hechizo vudú que puedas encajar en tus correos electrónicos que pueda hacer que eso suceda.

Los usuarios de Internet sólo le harán caso cuando tenga un gran contenido que sea creíble. Una manera de poner esto en marcha es crear una relación utilizando el correo electrónico. Esto significa que tienes que crear una lista de correo electrónico si quieres que tus suscriptores parezcan creíbles.

El mundo se ha convertido en un mundo muy ocupado, donde los que viven en él no tienen tiempo para buscar todo lo que hay allí. Esto les ha hecho buscar uno que pueda actuar como su filtro de información. Quieren a alguien que pueda ayudarles a resolver un problema, pero la persona tiene que parecer creíble.

Quieren a alguien que pueda hacer recomendaciones de productos y que no parezca parcial. Todo tiene que parecer plausible.

El imán de contactos ofrece mucho valor a sus usuarios y le permite hacer lo siguiente:

- Crear un activo fijo a largo plazo,
- Controlar fácilmente su tráfico web,
- Crear relaciones con los suscriptores,
- Ganar dinero en efectivo,
- Formar una relación con los socios de los medios de comunicación social.

Mientras que usted es un vendedor afiliado, usted necesita uno.

Usted debe dar a sus lectores un importante contenido gratuito como un imán de contactos, ya que esto puede ayudar a crear la lista de correo electrónico que usted desea.

¿Como es un buen imán de contactos?
La verdad es que muchos de los vendedores en línea no son buenos con sus imanes de contactos. Esta es la verdad básica. Todo lo que hacen es producir aburridos y sosos regalos que nadie en la tierra quiere.

Cualquiera que sea su imán, tiene que sobresalir del resto; en cuanto a si usted tiene éxito o no eso cae en él. Esto es importante si desea que su imán de contactos sea notado y descargado.

Mientras usted crea un imán de contactos, estas preguntas tienen que ser hechas y contestadas.

¿El imán de contactos resolverá un problema?
Antes de empezar a crear un imán de contactos, tienes que echar un largo vistazo a los que forman tu audiencia. ¿Tienes que averiguar cuál puede ser su problema, la razón por la que no pueden dormir por la noche? ¿A qué problemas se enfrentan regularmente? ¿Necesitan algún

tipo de conocimiento? La verdad es que, sea cual sea el nicho en el que se encuentre, hay un montón de problemas que deben ser resueltos. Lo que usted debe hacer es buscar ese problema que afecta a casi todos los interesados en su nicho y elaborar una guía que les ayude a solucionar el problema.

Cualquier cosa que ofrezcas debe destacar de las narrativas tradicionales ofrecidas por otros. Resuelva un problema, y no se ande con rodeos.

Una manera impresionante de tener su lista masiva construida es colgar un gran imán de contactos que resuelve un problema con estrategias creativas frente a sus lectores. Esto es algo que a mucha gente le gustará.

¿Es valioso su imán de contactos?
Cualquiera que sea el imán de contactos por el que decidas optar tiene que dar el valor necesario al destinatario, se acabó el período en el que puedes dar basura gratis y salirte con la tuya. Si lo intentas hoy, perderás tu tiempo, y perderás mucho dinero.

Lo que le digo a la gente que haga es producir un imán de contactos que se venda bien si usted decide venderlo. Hágalo de calidad y luego entréguelo gratis. Esto asegura que usted sea diferente del resto.

Tus lectores empiezan a preguntarse por qué darás detalles tan importantes de forma gratuita. A medida que se preguntan, empiezan a confiar en usted y sienten que usted es diferente al resto que está solamente detrás de su dinero. Esta es una manera fácil de construir una lista. Usted quiere ser conocido como alguien que da un valor asombroso sin tomar un centavo, al principio. Cuando se haya creado la confianza, podrá publicar ofertas por las que los destinatarios tendrán que pagar.

¿El imán de contactos está relacionado con su sitio?

Ya dijimos que la gente está enamorada de los filtros de información. Si quieres que la gente te busque, tienes que aparecer como alguien con información creíble que resuelva los problemas. Tienes que parecer autoritario en tu nicho.

Es su trabajo construir una imagen de autoridad con aquellos que leen su contenido. Esto se puede hacer fácilmente cuando usted les da información de marketing que está relacionada con su nicho.

En el momento en que usted les ayuda a resolver un problema, comienzan a escuchar lo que usted diga. Sé una autoridad. Sólo da información importante y creíble.

¿El imán de contactos resulta apetitoso?

Sí, lo has leído bien. Cuando usted está escribiendo su imán de contactos, es importante que parezca atractivo. Esto se puede hacer con un título pegadizo. Su título tiene que ser llamativo. En lugar de escribir un tema insípido, despierte el interés de los lectores.

Puedes averiguar qué título les gusta más pidiéndoles a los que te rodean que elijan entre las opciones de título que hayas creado.

¿Es único su imán de contactos?

¿Por qué debería interesar a sus lectores? ¿Por qué se destaca? ¿Pueden conseguirlo en otro lugar? Tienes que darle a tu imán de contactos esa sensación única. Esto hace que sus lectores estén más interesados en consumir su contenido porque saben que usted es algo irremplazable.

¿El imán de contactos realmente funciona?

Lo que sea que prometas en tu objetivo principal tiene que ser cumplido, no hay duda. Cualquier afirmación que ofrezca debe ser satisfecha. No diga que puede conseguir a sus lectores 15.000 seguidores de Instagram en un mes, y no lo hace al final del día. Tiene que cumplir sus promesas. Esto significa que trates de no exagerar ya que esto podría hacerte parecer un mentiroso. Ofrezca sólo lo que se puede hacer. No le digas a tus lectores que puedes llevarlos al espacio cuando no puedes levantarlos del suelo. Recuerde que la confianza importa antes de que usted pueda cosechar los beneficios de su estrategia de correo electrónico de marketing.

En lugar de eso, lo que usted debe hacer es ofrecerles mucho más valor del que usted prometió. En lugar de enseñarles cómo conseguir 15.000 seguidores de Instagram como dice su título, usted puede enseñarles cómo duplicar ese número. Se le tomará en serio.

Tipos de imanes de contactos
Hay diferentes tipos de imanes de contactos disponibles, y lo son:

- Un video corto en el que se expone un concepto o una idea,
- Ofrecer una vista previa de un producto o servicio de información,
- Entrevista en audio o video con una autoridad en el campo,
- Un informe sobre información importante,
- Un programa de software libre que puede ayudar a resolver un problema, etc.

Crear cualquier cosa, adaptarlo a su nicho y ofrecerlo gratis. Tienes tu imán de contactos ahí.

Comercialización de su imán principal

Mucha gente niega dar su dirección de correo electrónico a los sitios web porque saben que pueden terminar en una lista de correo electrónico, recibiendo mensajes spam.

Esto ha hecho que dar cosas gratis sea más difícil. La misma manera en la que promocionarás cosas pagadas es la misma manera en la que promocionarás el artículo gratuito. A continuación se presentan algunas técnicas que se pueden utilizar para comercializar su imán de contactos.

Crear una página de compresión

Usted debe comenzar por crear un sitio web diferente que no esté vinculado a sus otros sitios web.

Esto le ayuda a crear una lista de correo electrónico rápidamente porque está haciendo uso de una página de compresión. Crea un contenido relacionado con tu nicho pero no tengas ningún producto promocionado allí. Deje que el sitio web parezca un solucionador de problemas que no quiere tomar su dinero por ninguna razón. En ese sitio web, tener el tema Optimizar Prensa instalado en el subdirectorio de la misma. Esto le da una página que puede capturar fácilmente una dirección de correo electrónico.

Enviar tráfico a la página de compresión

Hay muchos errores que la gente puede cometer con respecto a la página de compresión, pero uno de ellos es únicamente el envío de tráfico web a sus blogs. Ignoran el hecho de que tienen que enviar tráfico web a su página de compresión.

Usted tiende a obtener muchos resultados cuando puede obtener la información de contacto de un contacto. ¿Qué mejor manera en la que puedes hacer eso si no es enviando tráfico a tu página de compresión?

Puede enviar tráfico a su página de compresión utilizando los siguientes métodos.

- Comercialización de artículos,
- Marketing de Pago Por Clic
- Video Marketing, etc.

Las técnicas de tráfico anteriores funcionan, pero cuando se trata de otros tipos de técnicas de tráfico como Twitter y Facebook, es aconsejable que envíe su tráfico al blog. Esto es importante porque ellos tienen que conocerte bien antes de que tú consigas que formen parte de tu lista de correo electrónico.

Maximiza el espacio de tu blog

¿Sabes que puedes hacer que tu imán de contactos sea promocionado en tu blog? Es una pena que muchos de los vendedores afiliados no hacen eso. Es aconsejable que suba enlaces e imágenes al informe gratuito que está ofreciendo en los siguientes lugares:

- Cabecera,
- Pie de página,
- Entradas de blog, y
- En la barra lateral.

Asegúrese de que el imán de contactos sea parte de su "marca".

Cualquiera que sea su imán de contactos, tiene que ser un aspecto importante de su marca. El imán de contactos forma un aspecto importante de la comunicación con su audiencia sobre su marca, pero en ese momento, usted no debería tratar de hacer que se deshagan de su dinero inmediatamente. Si tienes el interés de promocionar tu sitio web en diferentes lugares como YouTube, es aconsejable que les hagas saber qué problemas resuelves, y a dónde deben ir si quieren tener un montón de regalos.

No hagas que parezca que sólo les estás dando los regalos porque quieres su dinero.

Capítulo 8

Cómo crear una página de destino (landing page) que convierte

Como página web, la página de destino es una página que está destinada a conectarse a anuncios digitales como los anuncios de Facebook y Google. La página de destino transfiere a los usuarios a través de su embudo de ventas, lo que aumenta las tasas de conversión en un alto porcentaje.

Para los vendedores afiliados que quieren mejorar sus tasas de conversión y clientes potenciales, las páginas de destino pueden hacer el truco.

Si está buscando páginas de destino útiles, discutiremos los diferentes lugares donde puede acceder a herramientas de optimización para sus páginas de destino.

Cómo funcionan las página de destino

Las páginas de destino son creadas para trabajar únicamente para los anuncios digitales que usted ha colocado, en un intento de conseguirlos para mejorar las concesiones. Si desea aumentar los beneficios de lo que ha gastado en anuncios, debería considerar las páginas de destino.

Las páginas de destino se hacen principalmente a través de códigos o utilizando un constructor de páginas de aterrizaje. La URL de la página de destino está vinculada al anuncio digital que usted ha colocado en cualquier plataforma publicitaria.

Aparte de estar hechas para mejorar el mensaje de su anuncio, las páginas de destino no pueden ser comparadas con las páginas web ya que están interesadas en expresar un único mensaje. Las páginas de destino no vienen con enlaces externos como una barra de herramientas o un menú. El objetivo principal de la página de destino es incitar a los usuarios a llevar a cabo una acción particular que esté en línea con la oferta de su anuncio.

Los afiliados utilizan las páginas de destino de diferentes maneras, pero el uso principal es en la captura de detalles importantes acerca de los visitantes como una dirección de correo electrónico. Para obtener la información, muchas páginas de aterrizaje vienen con ofertas atractivas que los visitantes no pueden resistir.

Es fácil detectar una página de destino exitosa, ya que está perfectamente enlazada al anuncio, lo que permite a los visitantes convertir rápidamente y distribuir la información que se necesita. Con la información recopilada, los vendedores del afiliado pueden llevar a cabo futuras campañas de email marketing.

Son las paginas de destino adecuadas para usted

Las páginas de destino son excelentes para los afiliados que quieren ganar mucho de lo que gastaron en el anuncio. Es fantástico para aquellos que quieren tener sus anuncios optimizados.

Para cualquier persona en los anuncios de PPC, tener una página de destino exitosa es el camino a seguir, ya que permite a los visitantes obtener lo que vieron en el anuncio rápidamente.

Las páginas de destino están destinadas a:

- Aquellos afiliados que no tienen sitios web impresionantes.

Crear una página de destino es asequible y añade belleza a aquellos sitios que están anticuados o que no son agradables a la vista.

Aquellos negocios que no tienen una oferta en sus sitios.

Es raro ver un sitio web que pueda tener una página web ya creada con el mismo mensaje que su anuncio. La personalización de las páginas de destino es un gran método para hacer coincidir los anuncios con cualquier oferta que tenga a mano.

Aquellos anunciantes de PPC que quieren más control sobre sus ventas para canalizarlas:

Cuando utilizan páginas de destino, minimizan el ruido normal del sitio web que se observa en un sitio típico como los menús.

Lo que las páginas de destino ofrecen es una llamada a la acción más vívida que aumenta la tasa de conversión en comparación con las páginas web habituales.

Su sitio web es genial. Las páginas de destino no están diseñadas únicamente para aquellos que no tienen confianza en sus sitios web. Tener una página de destino profesional puede mejorar sus tasas de conversión, ya que los afiliados que enlazan sus anuncios a sus páginas de destino, en lugar de páginas web genéricas, notan una mejora en su tasa de conversión.

Costo de la página de destino

Crear una página de destino cuesta poco o nada. No cuesta un centavo si decide codificarla usted mismo o hacer uso de una plataforma gratuita de construcción de páginas de destino.

Si, por otro lado, está buscando un trabajo profesional, puede probar las plataformas principales de construcción de páginas de destino. Algunos cobran de $25 a cerca de $100 mensuales.

Por otro lado, usted puede probar Fiverr, y contratar a un trabajador independiente para que la construya para usted, desde tan poco como $5 hasta tan alto como $500. Todo depende de la calidad de las páginas de destino que usted está buscando.

Proveedores de Páginas de Destino
Leadpages es una plataforma de construcción de páginas de destino que cobra una cuota mensual de $25, y es ideal para aquellos afiliados que quieren sus páginas de destino, pero no tienen los conocimientos de codificación necesarios.

Unbounce

Es una plataforma de construcción de páginas de destino que cobra una cuota mensual de $79. Es ideal para aquellos afiliados que desean un nivel más alto de encriptación como la encriptación SSL.

Instapage

Esta plataforma de construcción de páginas de destino cobra una cuota mensual de $99, y está pensada para aquellas marcas que quieren crear sus páginas de aterrizaje inmediatamente basándose en cómo es su diseño web actualmente.

Una agencia de marketing

Esto cuesta alrededor de $300-$700+ por cada página de destino. No hay cuota mensual, ya que se trata de un solo pago.

Fiverr

En Fiverr, usted puede obtener trabajadores independientes que pueden construir su página de destino basada en sus especificaciones de $5 a más de $500.

Es importante que cada proveedor cuente con diferentes paquetes, servicios y experiencias de usuario.

También puede probar los creadores de páginas de destino gratuitas, pero notará que no tienen capacidad de personalización. Si utiliza la opción gratuita, deberá introducir el logotipo del proveedor. ¿Desea una tasa de conversión efectiva? Usted debe considerar el uso de cualquiera de las opciones pagadas.

Cómo crear una página de destino

Antes de crear una página de destino, primero tienes que elegir la plataforma por ti. A continuación, debe anotar sus objetivos, elegir la llamada a la acción correcta, anotar su copy, hacer que su anuncio sea diseñado, así como vincular el anuncio a su página de destino.

Una vez que siga estos pasos, tendrá una página de destino efectiva en poco tiempo.

Elija la plataforma de páginas de destino correcta a utilizar

Cualquiera que sea la plataforma de página de destino por la que usted opte, es donde se construirá su página de destino. Para aquellos que han decidido crear sus páginas de destino a través de código, es posible que tengan que hacerlo utilizando la parte trasera del sitio web.

En cuanto a aquellos que no están desarrollando el suyo propio, no necesitan tener el conocimiento necesario de la web para crear una página de destino. Todo lo que necesitan es un constructor de páginas de destino como Leadpages o Instapage.

Pocas personas saben como codificar, por lo tanto hay una gran posibilidad de que usted pueda necesitar una plataforma de construcción de páginas de destino.

¿Cuál es su objetivo?

La creación de una página de destino viene con su meta, pero la meta principal gira alrededor de su objetivo de conversión. Puede ser registro de eventos, descargas o colección de leads.

Cualquiera que sea el objetivo de su página de destino debe coincidir con su objetivo publicitario. Cuando utiliza su objetivo publicitario para diseñar la página de destino, es más fácil alcanzar su objetivo. Si decide hacer uso de un constructor de páginas de destino, opte por la plantilla que mejor se adapte a su marca, así como por el objetivo.

Elija un llamado a la acción

El CTA de su página de destino debe coincidir con el de su anuncio. Digamos que escribes en tu anuncio "obtiene una membresia gratis", y en tu página de aterrizaje, escribes, "obtiene una membresia gratis ahora", entonces hay un gran problema.

Si lo intentas con una plataforma como Facebook, la ve como un tipo de práctica de marketing engañosa. Como penalización, su anuncio será rechazado y su cuenta cerrada.

Escriba un titular "pegadizo"

El titular de su página de destino debe ser similar al de su anuncio. Haz que tu titular sea pegadizo y repíteles la razón por la que están en tu página de destino. Cuando se lo recuerdas, es más fácil venderles? Es importante tener en cuenta que al crear su página de destino, especialmente la versión móvil, viene con espacio restringido. Tienes que ser breve en los titulares. Si usted escribe una cosa larga, sólo unas pocas palabras serán vistas por sus visitantes.

Busque medios de apoyo

No dejes tu página de destino sin brillo. Es aconsejable añadir un visual para mejorar su atractivo a los ojos. Si quieres que el mensaje de tu anuncio se adapte bien a tus visitantes, hazlo atractivo.

Mucha gente hace uso de las imágenes en sus páginas de destino, pero usted puede tomar una muesca, y utilizar el vídeo en su lugar.

No importa qué medio decidas utilizar; la calidad tiene que ser alta y debe estar en línea con el objetivo de tu marca y de tu anuncio.

Opte por un formulario de contacto simple

Su página de destino no debería tener tanta información. Lo mismo debe decirse del formulario de contacto que usted puso allí. Evite tratar de pedir mucha información de contacto de sus visitantes porque puede desanimarlos a darla. Pida lo menos posible y observe cómo se convierten. Digamos que quieres enviarles un eBook gratuito; lo que debes pedir es su nombre y dirección de correo electrónico, nada más. No siga pidiendo su dirección o número de teléfono.

¿Tiene su página de destino vinculada a su anuncio?

Si desea que los clics de los anuncios dirijan a sus visitantes a su página de destino, la URL de su anuncio debe actualizarse con la URL de la página de destino.

Para aquellos que están creando su página de destino por sí mismos a través del código, pueden optar por su URL personalizada. Aquellos que están haciendo uso de un constructor de páginas de aterrizaje pueden fácilmente tener su URL generada. A continuación, pueden copiar y pegar la URL.

Cómo vincular su página de destino a los anuncios de Google Ads

Si ha decidido vincular Google Ads a la página de destino, comenzará por acceder a su cuenta de anuncios de Google.

Elija la campaña correspondiente, antes de dirigirse a Ads.

Obtenga sus anuncios actualizados en Google Ads.

Ahora, verá dónde puede tener actualizada la URL de los anuncios anteriores. A continuación, debe crear un nuevo anuncio o duplicar el antiguo. En este punto, debe poner la nueva URL.

¿Ha editado su anuncio de Google?

¿Se ha actualizado la URL de los anuncios de Google?

Cómo vincular su página de destino a los anuncios de Facebook Ads?

Si desea vincular un anuncio de Facebook a la página de destino, primero debe comprobar si la página de destino no está incumpliendo ninguna de las políticas de publicidad de Facebook.

Una vez hecho esto, dirígete a la cuenta de Facebook Ads Manager.

Verá en el lado derecho de su pantalla, la pestaña 'Anuncios', presiónela.

En la página de anuncios, puede crear fácilmente un nuevo anuncio haciendo clic en el botón "Crear". También puede tener una antigua y actualizada haciendo clic en ella.

Cómo editar un anuncio antiguo de Facebook Ads o crear uno nuevo.

Si ha decidido crear uno nuevo, puede utilizar las instrucciones. Si, por el contrario, ha decidido actualizar un anuncio antiguo, copie y pegue la URL de las páginas de destino y pulse "Publicar". Esto lo guardará.

Seguimiento de análisis de entradas a la página de destino

Si desea realizar un seguimiento del rendimiento de su página de destino, tiene que introducir datos, así como para el seguimiento analítico de la página.

Puede utilizar cualquier herramienta de análisis de su elección, ya sea Google Analytics o Heap.

Si decide utilizar una herramienta de seguimiento, le dará un código, que deberá introducir en el código de la página de destino.

Si usted ha decidido hacer uso de un constructor de sitios web, el código debe ser pegado en el spot que se crea para el seguimiento analítico.

¿Ha optimizado su página de aterrizaje?

Inmediatamente la página de destino está funcionando; usted tiene que monitorearla y optimizarla continuamente. La configuración de los anuncios, las palabras clave y la audiencia deben mejorarse regularmente.

Al hacer uso de los datos recopilados en su página de destino, puede encontrar fácilmente aquellas áreas de los anuncios que necesitan ser actualizadas.

Cómo optimizar su página de aterrizaje:

Segmente la página de destino por fuente de tráfico:

Su público objetivo está formado por diferentes personas con diferentes necesidades. Es su trabajo segmentar a los que están en su audiencia a través de los anuncios y asegurarse de que sus páginas de destino han sido alteradas para conocer a las personas que convierten.

Utilice diferentes ofertas:

No será una mala idea crear campañas con diferentes ofertas, ya que le permite saber cuál de ellas es más efectiva a la hora de capturar clientes potenciales.

¿Ha ajustado su combinación de colores?

¿Sabes que el tono afecta el nivel de conversión? Algunos colores funcionan mejor que otros. Usted debe probar cuál funcionará bien para usted.

Modificar la imagen

A veces, usted puede pensar que una imagen es la correcta para su página de destino, pero no lo es. El rendimiento de una imagen debe determinar si se mantiene o debe cambiarse. No se quede con una imagen que no funciona porque le guste.

Añadir urgencia

Una cosa que hace que la gente responda es cuando piensan que hay ofertas limitadas. También puede hacer que parezca que hay una cantidad limitada de stock. Se sorprenderá de la forma en que impulsa la conversión.

Ajustar los copys de ventas:

Al principio, es posible que no sepa si está vendiendo a precios más bajos o más altos, pero puede estar seguro de que su ejemplar de venta se vende regularmente. Esto le permite discutir lo genial que es usted o no.

Agregar testimonios:

Mucha gente tiende a confiar en las marcas o afiliados cuando agregan testimonios o comentarios a su página de aterrizaje. Esto puede ayudar a aumentar su tasa de conversión. Usted debe probar diferentes testimonios para ver cuál está funcionando bien.

Usar dos páginas de destino al mismo tiempo

Diferentes páginas de destino invocan diferentes efectos. Para saber qué es más efectivo, debería probar un experimento con dos páginas de destino.

Para tener sus páginas de aterrizaje optimizadas, usted debe tratar de ajustar durante un período. Le permite saber qué parte de la página de destino es excelente o cuál necesita cambios.

Digamos que si usted alteró su imagen y titular al mismo tiempo, puede que no sepa cuál de ellos llevó a una mejora en las conversiones.

Si ha decidido cambiar la CTA o la oferta, no se olvide de alterar también el texto de su anuncio.

Características de cada página de destino que tienen éxito

Cada página de destino puede ser única, pero tiene algunas características que la hacen exitosa. Como:

Estructura de la página de destino

Esas páginas que apenas si convierten suelen tener algo en común. Esas páginas de destino no están bien organizadas cuando se trata de su flujo de información.

Lo que los propietarios de esas páginas de destino piensan es que tienen que atenerse religiosamente a una estructura lógica de arriba hacia abajo, que comienza con hablar del concepto y se detiene con el uso de un botón de llamada a la acción. El uso de este formato no le dará el resultado deseado.

La verdad es que pocos visitantes se desplazan hasta la parte inferior de la lista. Vivimos en un mundo acelerado, donde nadie tiene la paciencia para leer todo. ¡Queremos información ahora! No más tarde!

Si desea convertir, ponga las mejores características en la parte superior, así como la información necesaria. Esto evita que sus visitantes ignoren un hecho importante.

Algunos afiliados pueden sentir que poner su llamada a la acción (CTA) en la parte superior de la página es raro, pero funciona de manera mágica.

Usar Titulares Dirigidos

Cuando una persona visita una página de destino, lo primero que ve es el titular de la página. Lo que esto significa es que usted debe poner un montón de pensamientos en el titular de la página. Que no sea una idea tardía.

Los estudios han demostrado que el uso de cualquiera de los siguientes elementos puede darle un titular de alta conversión.

- Haga uso de los números,
- Pruebe entre cinco y nueve palabras,
- Aclare sus intenciones, y
- Use múltiples partes.

Cuando incorpore estas características, se sorprenderá del nivel de su tasa de conversión.

Use los colores adecuados

Mucha gente siente que la combinación de colores que uno usa debería estar basada en sus preferencias, pero eso está lejos de la realidad. Si desea que su página de destino sea clasificada entre las de alta conversión, debe tener en cuenta lo siguiente:

- El rojo se traduce en audaz y excitante;
- Naranja significa calidez, así como claridad;
- El azul se traduce en fuerza y fiabilidad;
- Verde significa vitalidad, dinero y crecimiento;
- El púrpura se traduce en imaginación y creatividad;
- Blanco significa calma y neutralidad.
- El lila se traduce en imaginación y creatividad.

De lo anterior se puede deducir que cada tono evoca sentimientos y emociones diferentes. Las tonalidades tienen una manera de afectar el comportamiento de una persona subconscientemente.

Credibilidad y aprobación

Atrás quedaron esos días en los que las páginas de destino se creaban para ser todo sobre las ventas. Ahora, su página de destino tiene que salir natural, si quiere tener éxito. Lo que usted debe hacer es crear una página de destino que permita a sus visitantes decidir por sí mismos en base a lo que usted ha creado. No debería tratarse de que intentes forzar a tus clientes.

Una manera de hacer esto es utilizando pruebas sociales.

Ejemplos de ello son las revisiones, los testimonios y los estudios de casos. Cuando los incorporas en tu página de aterrizaje, resultas ser más creíble. Antes de que te des cuenta, tus visitantes están haciendo las compras necesarias.

Capítulo 9

Los mejores nichos del marketing de afiliados

Como vendedor afiliado, usted necesita optar por un nicho antes de comenzar. Apenas si hay un nicho que no sea rentable porque todo el mundo tiene clientes, que están dispuestos a hacer compras. De los numerosos nichos salen unos muy rentables.

Salud y buen estado físico

En el mercado de la salud, usted puede tener acceso a nichos que se centran en dejar de fumar, dietas y pérdida de peso, asuntos médicos, etc.

Estudios realizados por Euromonitor muestran que el mercado de la salud tenía un valor de 1 billón de dólares en todo el mundo en 2017. Después de mi investigación, me di cuenta de que la industria nootrópica que produce medicamentos inteligentes destinados al cerebro tenía un valor de alrededor de 1 billón de dólares.

Sólo en los EE. UU., se gastan alrededor de 322.000 millones de dólares anuales en artículos médicos, según un informe de Diabetes.org.

Esto significa que mucha gente está gastando mucho en el mercado médico, en un intento por mantenerse saludable. Si usted es un afiliado inteligente, puede obtener su parte justa de ello.

Nichos de Salud

Cuando se trata de los nichos en la industria de la salud, muchas personas están buscando lo correcto para mantenerse saludables, perder peso, mejorar su función cerebral, etc. A continuación se presentan algunos nichos en la industria de la salud en los que usted puede ingresar:

- Dolor articular
- Pérdida de cabello
- Mejorar la testosterona
- Insomnio
- Recetas para diabéticos
- Eliminación de celulitis
- Extracción de lunares
- Obesidad infantil
- Acné
- Dieta
- Manejo de la Ira
- Dejar de fumar
- Presión arterial alta
- Adicción
- Vegano
- Estrés
- Pérdida de peso para las mujeres
- Alergia alimentaria
- Cocina saludable

Por qué usted debe probar nichos de la salud

Los productos son lucrativos y sus costos van desde cientos de dólares hasta miles. Eso no es todo, ya que puedes ganar con la promoción de las ventas de información.

La industria de la salud tiene nichos que tienen grandes consumidores, que harían cualquier cosa para mantenerse sanos y en forma.

En los nichos de salud, sus clientes siempre volverán por más productos, siempre y cuando cumplan con sus expectativas.

Programas de Afiliados de la Salud

Marcas Silver Blade:

Venden potenciadores masculinos y ofrecen a sus afiliados comisiones de cuarenta de prevención, así como galletas de por vida.

Fisicoculturismo.com

Venden suplementos del bodybuilding. Ofrecen a sus afiliados comisiones del quince por ciento, así como cookies de nueve días.

Nutracash

Venden potenciadores masculinos y suplementos. Las comisiones que ofrecen dependen de las ventas y los productos.

Panic Away

Venden productos para los trastornos de ansiedad y los ataques de pánico. Ofrecen una comisión de alrededor del treinta por ciento.

Planes dentales

Venden productos dentales y ofrecen una comisión de 40$ por cada venta.

Kala Salud

Venden suplementos y ofrecen comisiones del veinte por ciento por cada venta.

eSalud

Ofrecen productos de seguros y dan una comisión de 10-75$ por cada venta.

OutlookSalud

Venden productos dentales y ofrecen una comisión de 40$ por cada venta.

Heart Health

Venden suplementos y ofrecen una comisión del 25%.

Free Drinking Water

Venden agua potable y ofrecen una comisión del 12%.

Sell Health

Ofrecen productos de salud sexual y ofrecen una comisión del 30-50% sobre las ventas de primer nivel.

Market Health

Venden productos de salud y belleza y ofrecen una cuota de ingresos del 50%.

Yuve

Venden polvos de proteína y ofrecen una comisión del 15-25%.

Al Sears Md

Venden productos de salud y bienestar y ofrecen una comisión del 25% sobre los pedidos iniciales y luego del 10% sobre las ventas recurrentes.

88 Herbs

Venden suplementos herbales y ofrecen una comisión del 18% por cada venta.

Hemorrhoid Rescue

Venden suplementos para hemorroides y ofrecen una comisión del 18%.

Nichos de la riqueza

Los nichos de la industria de la riqueza suelen girar en torno a Forex, marketing en Internet, lotería, juegos de azar, marketing multinivel, empleo, oportunidades de negocio, marketing de afiliados, y así sucesivamente.

¿Has mirado las estadísticas de la industria de los negocios online? El Reino Unido tiene un valor de 100.000 millones de libras esterlinas según las estadísticas publicadas por The Guardian. Esto significa que el mundo de los negocios online es aproximadamente el doble del mundo de los restaurantes y hoteles.

A medida que nos adentramos en el mundo de los juegos de azar, las estadísticas de StatisticsBrain afirman que su valor asciende a unos 35.500 millones de dólares estadounidenses.

Basado en las estadísticas de Wiki, la industria Forex tiene un valor comercial de 5,1 billones de dólares diarios.

Por ahora, usted debe haber notado que el mundo de los negocios online es extremadamente rentable, y si se hace bien, usted puede conseguir un buen nivel de ingresos.

A continuación se presentan algunas ideas de nicho que debe probar:

- Online Jobs,
- Como hacer dinero siendo un blogger principiante,
- Amazon FBA,
- Backyard Chicken,
- 3D Printing,
- Desarrollador de Aplicaciones,
- Senior living,
- House Sitting, y asi sucesivamente.

Programas de Afiliados de Riqueza
B Ingresos pasivos

- Ofrece comisiones de alrededor del cincuenta por ciento.

Excellerate Associates

- Ofrece comisiones del veinte por ciento.

BitBond

- Ofrece comisiones del cincuenta por ciento, así como cookies de 90 días.

SolerInvestment

- Ofrece comisiones del cincuenta por ciento.

Gamblingaffiliateprogram

- Ofrece comisiones del veinte por ciento al cuarenta por ciento.

Wealthtraders

- Ofrece comisiones del cuarenta por ciento.

Link - Assistant

- Ofrece comisiones del treinta y tres por ciento.

Link - Connectors

- Ofrece una ventaja de dos dólares, comisiones de ventas de cien dólares y cookies de 45 días.

Wealth Creators Club

Ofrece comisiones del cuarenta y cinco por ciento.

Traderfx++

- Ofrece comisiones del veinte por ciento.

Surefire Trading

- Ofrece comisiones del cincuenta por ciento.

Daytrade Forex

- Ofrece comisiones del cincuenta por ciento.

Resume Robin

- Ofrece comisiones del quince al cincuenta por ciento por cada venta.

Job Stars

- Ofrece comisiones del diez por ciento.

Snag a Job

- Ofrece comisiones del cincuenta por ciento.

Afiliado de Betrally

- Ofrece comisiones del diez al treinta y cinco por ciento.

Bet 365

- Ofrece comisiones del treinta por ciento.

Betway

- Ofrece comisiones del cuarenta por ciento.

Por qué debería probar los nichos de la riqueza

Los nichos de riqueza tienen muchos clientes que gastan dinero para obtener información y productos, y la cantidad varía de cientos de dólares a miles.

Mucha gente está buscando formas inteligentes de ganar dinero, y nunca se detendrán. Significa que usted tendrá un trabajo regular.

Muchos de estos nichos de riqueza no son asequibles, y mucha gente está obsesionada con tener acceso a la información. Están dispuestos a pagar por ellos.

Romance y Nichos de Citas

Cuando hablamos de romance, estamos hablando de ligar, citas online, conseguir un esposo, traer a tu ex de vuelta, y así sucesivamente.

Las estadísticas de StasticsBrain afirman que alrededor de 49.250.000 personas que viven en Estados Unidos han utilizado las citas online. Mucha gente no puede dejar de usar productos de citas online. Por lo tanto, hay un mercado para usted.

SelfGrowth publicó un informe que muestra que la gente gasta alrededor de doscientos dólares cada hora en consejería matrimonial.

El autor, Neil Strauss, tenía alrededor de 2,5 millones de ejemplares del libro "El juego", en el que enseñaba a la gente a ligar con mujeres. Hay mucha gente como él que ha ganado por escribir libros al recogerlos.

A estas alturas, debería haber notado que el nicho no sólo es lucrativo, sino que también es accesible. La gente quiere enamorarse y tener una relación romántica; puedes vender información y herramientas para ayudarlos.

A continuación se presentan algunos nichos que debería considerar probar:

- Finding love
- Senior Dating
- General Dating
- Picking Up Women
- Building A Better Relationship, y mucho mas.

Programas de Afiliados del Romance
Affiliate2day

Ofrece comisiones del veinticinco por ciento y tiene una oferta principal de ocho dólares.

David Wygant Dating Coach

Ofrece comisiones del cincuenta por ciento, así como ingresos recurrentes sobre los productos.

Cupid

Ofrece comisiones de 135$ por cada pedido.

Sexy Confidence

Ofrece comisiones de aproximadamente $99 por cada venta.

Kasidie

Ofrece comisiones del treinta y cinco por ciento mensual.

Lovecity

Ofrece comisiones del cincuenta por ciento.

Discreetadventures

Ofrece comisiones de cuarenta dólares por cada venta.

Love Scent

Ofrece comisiones del veinte al treinta por ciento.

Eventplanningblueprint

Ofrece comisiones del cincuenta por ciento.

The Dating Network

Ofrece comisiones de cinco dólares por cada pista, setenta dólares por una prueba, así como 150 dólares por la venta.

Aprettywoman

Ofrece comisiones del treinta por ciento.

Nsiholdings

Ofrece comisiones de veinte dólares por cada registro confirmado.

Elite Partnerships

Ofrece comisiones del cincuenta por ciento.

E Harmony

Ofrece comisiones de 188$ por cada inscripción.

I Date

Ofrece comisiones del veinte al treinta por ciento.

Sexy Confidence

Ofrece comisiones de noventa y nueve dólares por cada venta.

Commitment Connection

Ofrece comisiones del 70%.

My Bonus dating

Ofrece una ventaja de 10$ de ventaja, 30$ en una venta, así como 100$ en el pedido.

Funny Love Dating

Ofrece comisiones del 75%.

¿Por qué usted debe probar los Nichos de Romance

Mucha gente siempre está buscando un compañero que esté ahí para ellos. Por lo tanto, están listos para aprender más sobre el tema.

Las citas nunca envejecen, no importa la edad de la persona.

Dado que hay muchos sitios web en la industria, usted puede acceder fácilmente tanto al tráfico como a las personas influyentes.

Nichos de videojuegos

El mundo de los videojuegos es uno en el que mucha gente está dispuesta a gastar dinero.

Alguna vez, era malo sólo para los niños, pero ahora las personas de todas las edades, géneros y estatus social están enamorados de los juegos. ¿Por qué es así?

Mucha gente quiere entretenerse, y la industria de los juegos se lo ofrece.

Con el desarrollo del smartphone y su uso excesivo, hay muchos juegos móviles en la industria. La industria de los juegos móviles es muy lucrativa, y usted puede beneficiarse de ella como afiliado.

Hay diferentes preferencias en el mundo del juego, y usted puede leer los comentarios de los diferentes productos para saber cuál de ellos profundizar.

A continuación se presentan algunos nichos de juego que debería considerar probar:

- Juegos de azar en línea,

- Foros de juegos,

- Los mejores juegos para móvil,

- Top free steam Games

- Guías de juego y guías de estrategia.

Un aspecto impresionante de la industria del juego es que los jugadores siempre volverán para obtener las actualizaciones, así como los nuevos lanzamientos. Nunca te quedarás sin clientes.

Capítulo 10

Empresas de nivel bajo vs empresas de nivel alto en el Marketing de Afiliados

Una cosa a la que se enfrentan muchos afiliados son las empresas que dan bajas comisiones por sus servicios y productos. Los afiliados pasan su tiempo tratando de conseguir clientes, y todo lo que tienen es menos de cien dólares.

En el mundo del marketing de afiliados, la tasa media de comisión es de alrededor del cuarenta por ciento o incluso menos.

Digamos que usted promovió un libro que costó $50; usted puede terminar saliendo de ese trato con $15 o incluso menos. ¿Qué tal si vendes un producto promocionado que se vende por trescientos dólares, podrías terminar con una comisión de sesenta dólares o incluso menos?

Muchas empresas son codiciosas, y aún así, no quieren hacer ningún trabajo cuando se trata de marketing. Sólo quieren llevarse una gran parte de las ganancias y dar poco a sus afiliados. Ha hecho que algunos afiliados, algunos de los cuales han tenido éxito, tiren la toalla en la derrota porque no están ganando mucho con las comisiones. Muchos de los productos que se están promocionando son de bajo precio.

Lo anterior es un programa de marketing de afiliados de bajo costo.

Veamos una analogía rápida.

Si usted planea ganar alrededor de diez mil dólares mensuales, ¿preferiría vender mil copias de un producto que ofreciera diez dólares en comisión, u optar por un producto que ofreciera mil dólares cada uno como comisión, por lo tanto sólo tiene que vender diez copias?

Existe una gran posibilidad de que usted haya elegido la segunda opción.

Marketing de afiliados de alto nivel

No hay casi ningún vendedor afiliado que le guste el pensamiento de la comercialización del afiliado de bajo costo. El estrés involucrado no vale el dinero que se espera que usted gane.

Las empresas que caen en el marketing de afiliados de alto precio están en la industria, pero no muchos de los afiliados saben de ellos. Muchos afiliados prefieren no hablar de ellos para evitar que el mercado se sature.

Para encontrar estos programas de marketing de afiliados de alto nivel, usted debe haber tropezado con ellos accidentalmente o haber sido invitado a ellos en privado.

Una búsqueda en Google puede servirle como truco. Usted puede detectar fácilmente un programa de marketing de afiliados de alto nivel por los productos de alto precio que tienen.

¿Cómo funciona?

La verdad es que como el precio de los productos de alto nivel es caro, los clientes no los comprarán inmediatamente. Por eso es aconsejable tener un portafolio de productos de alto y bajo nivel.

Mucha gente quiere obtener una muestra gratis antes de comprar esa cantidad. Esto significa que antes de que pienses en unirte a un programa de afiliados que ofrece productos de alto valor, debes buscar aquellas empresas que puedan bloquear al cliente utilizando una cookie permanente.

Lo que esto significa es que usted tiene acceso a comisiones por cada compra realizada por ese cliente. Antes de adjuntar su firma a cualquier cosa, es aconsejable que lea detenidamente los términos y condiciones.

Cómo tener éxito con las empresas de nivel alto en el Marketing de Afiliados
Si desea tener éxito en el mundo del marketing de afiliados de alto nivel, debe considerar hacer lo siguiente:

Crear una lista de correo electrónico de sus clientes y fomentar una conexión con ellos.

Busque los programas mensuales de membresía que ofrecen comisiones recurrentes y los programas de marketing de afiliados de alto costo que están listos para etiquetar al cliente de por vida.

Capítulo Once

Errores comunes realizados por los vendedores afiliados

Todo el mundo comete un error, estoy de acuerdo, pero si quieres tener éxito en el marketing de afiliados, la represión de los errores cometidos es la manera correcta de ir hacia adelante.

Promocionar muchos productos diferentes en diferentes nichos

Esto es una cosa que les digo a los vendedores afiliados que tienen que evitar, y es muy común. Sabemos que quieres meter las manos en muchos lugares, y no quieres poner los huevos en una cesta, pero esto es exagerar. Su sitio web, página de medios sociales, y probablemente los anuncios se centran en un nicho. El contenido que tienes allí está básicamente en un nicho. Ahora, imagínese, tratando de vender productos de otro nicho usando un sitio web similar o una página de medios sociales.

Usemos nuestro infame ejemplo que ha sido usado un par de veces en este eBook. Si tienes un sitio web para dirt bike y promocionas productos o servicios en dirt bike, no deberías añadir productos en un nicho como salud o juego. No están relacionados de ninguna manera. Esto no significa que no debas meter las manos en muchas cosas. ¿Has oído hablar de Buzzfeed? Este es uno de los afiliados más grandes del mundo que tiene sus manos en muchos nichos, vendiendo diferentes productos, pero ¿cómo logró dominar el truco sin confundir a sus lectores? Es muy sencillo. Abrió una página de medios sociales e incluso una página web para cada nicho en el que quiera profundizar. Tiene una página para Alimentos, Salud, Productos Femeninos,

LGBT, Viajes, etc. Esto ha hecho que se dirija a una amplia gama de audiencias sin que se confundan.

No construir una marca que gane confianza en un nicho específico

Muchos de los afiliados son conocidos por ignorar el hecho de que tienen que cultivar la confianza con sus clientes antes de empezar a vertir su argumento de ventas en su garganta. Utilicemos el ejemplo de Buzzfeed. ¿Ha visitado el sitio web de Buzzfeed y las páginas de medios sociales? Están fuera de este mundo en diseño y contenido. Por lo tanto, se han convertido en una autoridad en su industria.

Buzzfeed no comenzó tratando de forzar a la gente a hacer compras a través de sus enlaces de afiliados. Comenzaron creando un contenido impresionante. Cualquier persona de cualquier sexo o edad puede permanecer en su sitio web o en las páginas de los medios de comunicación social todo el día, y no ser vertido. Su contenido está minuciosamente investigado y bien producido. Esto significa que todos ellos gritan "clase". Inmediatamente empezaron a añadir sus enlaces de afiliados a su contenido; era fácil para la gente hacer compras sin dudar de ellos. Esa es la confianza.

Llegar a ser demasiado vendidos por el spamming a muchos enlaces de forma poco natural

Por un segundo, olvida el hecho de que eres un afiliado, y trata de ser un cliente. ¿Cómo te sentirías cuando un afiliado de ninguna parte comienza a interrumpir tu día, enviándote correos electrónicos de spam con enlaces y actuando como un vendedor en su boletín de noticias? Si hay un botón para cancelar la suscripción, no le importará hacer clic en él rápidamente. Actuar de manera profesional en su contenido no le dará la conversión necesaria. A nadie le gusta ser presionado.

Pérdida de credibilidad alegando resultados exagerados

Hagas lo que hagas, no exageres el efecto de ningún servicio o producto. Digamos que estás escribiendo un artículo de reseña sobre un producto que estás promocionando, trata de ser honesto con él. ¿Has leído el artículo de revisión de muchos afiliados? Usted puede fácilmente darse cuenta de que muchos de ellos son mentiras. ¿Cómo puede decir que sus productos hacen magia hasta el punto de que no tienen una estafa? Es imposible. No estoy diciendo que debas pintar el producto con una mala iluminación. Lejos de eso, habla mucho de las características impresionantes, pero espolvorea un poco del lado malo. Puedes minimizarlo, para permitir que el aspecto eficiente gane.

Si sus clientes se dan cuenta de que su artículo de opinión fue exagerado, no volverán a confiar en una palabra que salga de sus labios.

No utilizar múltiples fuentes de tráfico

Es común ver a muchos afiliados descansando sobre sus remos. Mientras que esa única fuente de tráfico sea impresionante, no se molestan en probar otras fuentes. Esta es la razón por la que muchos afiliados sólo utilizan anuncios de Google o Facebook, y olvidan que pueden hacer uso de la SEO, otras redes sociales que tienen su público objetivo y así sucesivamente. Diversificar! No hay ninguna ley que lo prohíba. Usted puede terminar dándose cuenta de que podría tener muchos usuarios de Internet, haciendo clic en su enlace, pero estaba demasiado ocupado descansando en su éxito anterior.

No utilizar el tráfico de pago y el incremento en el presupuesto para escalar el negocio rápidamente una vez que haya encontrado una oferta que funcione.

Este es un error que incluso los profesionales cometen. Una vez que han encontrado una oferta que funciona para ellos, no se molestan de nuevo. ¿Qué hay de los que se oponen al tráfico de pago? Muchos de ellos harían cualquier cosa para evitar pagar por anuncios en Google, Bing, Social media, etc. Si les preguntas por qué dirán que tienen mucha clientela. ¿Qué hay de los que se aferran al mismo presupuesto todos los días? Si ven un sistema que no está dentro de su presupuesto, no se molestan en probarlo, no importa lo eficiente que sea. Si usted cae bajo cualquiera de los mencionados, debe considerar tomar un paseo de su rutina.

Dejar de probar nuevas ofertas una vez que hayan encontrado algunas que funcionen.

Hubo un tiempo en que yo era así. Inmediatamente encontré esos pocos catálogos de técnicas y herramientas; no me molesté en experimentar de nuevo. Entonces me di cuenta de que mis colegas más inteligentes ya no ganaban lo mismo que yo. Uno estaba ganando el triple de la cantidad. Fue sorprendente. Una vez usamos las mismas técnicas, e incluso fui yo quien les introdujo las técnicas. Después de sentarme con ellos, me di cuenta de que habían experimentado y encontrado técnicas que eclipsaban las anteriores que habíamos estado utilizando juntos.

Me di cuenta de que los tiempos cambian. El smartphone que usó hace tres años es probablemente anticuado en comparación con el que se fabrica hoy en día. La tecnología cambia, por lo tanto, las herramientas que se utilizan deben cambiar con ella. Esta es una filosofía que debe guiar a todos.

Capítulo 12

Ventajas del marketing de afiliados

Como todo en la tierra, el marketing de afiliados viene con ventajas y desventajas. Muchos de los vendedores afiliados, se han beneficiado de los pros, y se han visto afectados por los contras, hasta que supieron cómo dominarlos.

A continuación se presentan algunos de los beneficios a los que tendrá acceso cuando se una al marketing de afiliados:

No tiene que crear un producto o prestar un servicio

Cuando miramos a muchos negocios que hay por ahí, usted tiene que crear un producto y entregarlo o hacer que se cree y entregar un servicio. El marketing de afiliados es uno, si no el único negocio que no implica la creación o entrega de un servicio o producto.

Todo lo que se necesita de usted es conseguir que los usuarios online hagan una compra y usted gana una comisión. Usted no tiene que preocuparse de fabricar un producto o de entregarlo. Con un simple clic puede ganar una comisión, y con la compra puede ganar más comisiones. Preocuparse por el producto después de la venta no tiene por qué ser un problema.

Usted no tiene que tratar con clientes (no hay atención al cliente)

El trato con los clientes es un gran problema al que se enfrentan muchas marcas. ¿Por qué cree que las empresas gastan mucho en programas de retención de clientes, atención al cliente y tutoría a sus trabajadores sobre cómo tratar adecuadamente a los clientes? Los clientes son los reyes, y cuando un cliente no tiene una gran experiencia con el producto, la empresa tiene que asegurarse de que el problema se rectifica. Como vendedor afiliado, ese no es su problema, ya que es el deber de la marca que usted está promoviendo para manejar a los clientes, sus quejas y así sucesivamente.

Libre de elegir el producto que prefiera en el nicho que prefiera

¿Sabes que como afiliado, puedes optar fácilmente por cualquier nicho que desees sin estrés? Usted no tiene que preocuparse por el costo inicial, y otras cosas. Si está cansado de un nicho, puede cambiar fácilmente a otro, y sólo se harán modificaciones menores. Si usted hizo productos o prestó servicios, no se diría lo mismo de usted. Dado que el trabajo de un afiliado es promover productos o servicios, es posible cambiar de nichos, sin estrés.

Fácilmente escalable (una vez que haya encontrado las ofertas que funcionan)

Esto es una ventaja para aquellos que han dominado los trucos del marketing de afiliados y los han utilizado en su beneficio. Como afiliado con experiencia, ganar ya no se convierte en un problema. Usted puede ganar fácilmente sin preocuparse de incurrir en un montón de costos como los salarios de los trabajadores, y así sucesivamente.

Puedes vender en todo el mundo

Esta es una ventaja poco común en muchos negocios. Como afiliado, usted puede estar residiendo en Estados Unidos y atendiendo a clientes en Japón. Dado que su negocio está en Internet, usted puede tener usuarios online, haciendo clic en sus enlaces de afiliado y haciendo compras en todo el mundo. El gran aspecto es que no tienes que gastar mucho para conseguirlo. Su base de clientes puede cortar el mundo.

Tienes libertad de tiempo y de lugar

¿Alguna vez ha querido un trabajo que le ofreciera la libertad necesaria a la hora de realizar su trabajo y el tiempo?

El marketing de afiliados es el unico que le puede servir a usted.

Las horas de trabajo no tienen que ser tan rígidas y extensas como las de los demás. Usted puede decidir dormir cuando otros se están estresando, caminando hacia el trabajo y trabajando mientras otros duermen. Las horas que usted trabaja son determinadas por usted. ¿Y su lugar de trabajo? Trabajar como afiliado lo puede hacer en cualquier lugar, incluso en un restaurante mientras comes. La libertad es lo que todo el mundo anhela, y el marketing de afiliados puede ofrecer eso.

Usted gana habilidades transferibles (básicamente aprende a vender online)

Las habilidades que usted acumula como afiliado pueden ser utilizadas en otras áreas. ¿Sabes que esas habilidades de marketing, especialmente las online, son buscadas por las grandes marcas, y puedes decidir venderlas por dinero? Algunos vendedores afiliados no pueden saber el nivel de habilidades que tienen hasta que están llenando un curriculum vitae o en una entrevista y se dan cuenta de que son de gran importancia.

Desventajas del Marketing de Afiliados

Los clientes no son tuyos

Esta es la verdad básica. Esos clientes que crees que tienes, ¿no son tuyos? No todos los programas de afiliados ofrecen comisiones recurrentes a las personas que usted introdujo después de hacer la primera compra. Lo que esto significa es que una vez que se le da la comisión inicial, hay una gran posibilidad de que usted no gane de nuevo si esos clientes hacen otra compra. Lo que estás haciendo es buscar clientes y entregarlos al programa de afiliados, después del primer pago.

Usted no tiene control total sobre el negocio (los comerciantes podrían cambiar las políticas o cerrar el programa de afiliados).

Esta es una verdad que puede asestar un gran golpe a cualquiera. No hay ninguna frase en un acuerdo de afiliación que le dé el poder de influir en la decisión de un programa de afiliados. Esto significa que el programa de afiliados puede decidir alterar cuánto pagan por las comisiones sin previo aviso, y usted no puede hacer nada al respecto.

Ellos pueden decidir cerrar el programa sin previo aviso, y su fuente de ingresos está lista. Incluso pueden decidir prohibirte sin previo aviso, y no se puede hacer nada al respecto. El futuro de su negocio está en sus patas, y podemos decir que la pelota está en su campo y no nos equivocaremos.

Capítulo 13

Los mejores programas de marketing de afiliados

Ventana de Afiliados - (AWIN)

AWIN atraviesa muchos nichos, pero su enfoque principal es la venta al por menor, las finanzas, los viajes, la belleza, los deportes y los productos para el hogar y el jardín.

Ventajas de Awin:

- Awin paga dos veces al mes.
- Ofrece informes en tiempo real.
- Es muy fácil de usar.
- Cuenta con unos novecientos empleados en todo el mundo.

Desventajas de Awin:

Tendrás que pagar cinco dólares para inscribirte.

Si su cuenta no es aprobada, no se le devolverán los cinco dólares.

Tradedoubler

Tradedoubler lleva en el negocio unos veinte años, después de haber sido creada por empresarios suecos. Sus oficinas se encuentran actualmente en toda Europa.

Han pasado sus años tratando de ofrecer mejores resultados a sus afiliados y clientes. Tradedoubler cuenta actualmente con cerca de 200.000 afiliados y miles de comerciantes.

SEMRush

Esta es una herramienta que se conoce entre muchos bloggers y afiliados, ya que les muestra lo bien que funcionan sus sitios web en Google.

Refiriendo a nuevas personas a ellos se obtiene una comisión de por vida de alrededor del cuarenta por ciento. Esto significa que cualquier cantidad que paguen, se te dará tu parte, hasta que tus referidos salgan de SEMRush.

Perfilador de URL
Esto también es una herramienta de auditoría de contenido y un sitio web. Para sus afiliados, les ofrecen el veinticinco por ciento de lo que pagan sus referidos, siempre y cuando permanezcan en la plataforma.

Shopify
Son profesionales:

- Shopify tiene un servicio de atención al cliente que responde a través de correo electrónico, chat en vivo y teléfono.
- Una vez que te conviertes en un afiliado, se te asigna un administrador de afiliados.
- Usted gana altas comisiones y recibe un pago mensual dos veces.
- Tiene una gran reputación.

Contras:

- Usted no puede tener acceso a sus ganancias si están por debajo de los veinticinco dólares.
- Si decides que has terminado, cerrar la cuenta de afiliado no es fácil.
- No ofrece ofertas de comisiones de por vida.
- Usted sólo gana después de dos meses de que su referencia se convierta en un suscriptor de pago.

ClickFunnels

Esta es una plataforma impresionante que es ideal para crear embudos de ventas y páginas de destino exitosas. Apenas si hay un afiliado líder que no lo sepa.

¿Has oído hablar de su programa de afiliados? Es algo fuera de este mundo.

Si usted refiere a una persona a ellos, y la persona compra un servicio o producto de ClickFunnel, usted gana un cuarenta por ciento de comisión.

Sendible

Esta es una herramienta de gestión de medios sociales muy utilizada por los vendedores online cuando quieren tener sus mensajes programados. También les ayuda a gestionar sus diferentes cuentas de medios sociales.

Una vez que usted presenta a otros, se le da alrededor del treinta por ciento. Esto significa que tienes la oportunidad de ganar hasta $716 por cada inscripción.

Linkconnector

Pros:

- Linkconnector es un lugar donde usted debe estar si está buscando grandes marcas.
- Los productos allí son de alta calidad. Por lo tanto, usted no tiene miedo de ser vinculado con productos o servicios de calidad inferior.
- Tiene un gran servicio al cliente, y opta por códigos de cupones privados, lo que significa que el secuestro de cupones es inexistente.
- Ofrece "enlaces desnudos" que no necesitan que usted desvíe a través de su sitio web, lo que significa que es un gran impulso SEO para usted.

Contras:

- Su "salpicadero" no es atractivo para los ojos.
- Tienen un proceso de selección rígido. Sólo un cuarenta por ciento de los que solicitan son aceptados.
- El proveedor decide dónde se visualizan sus enlaces.
- Los productos físicos que se venden no son tantos como otros.
- Están más interesados en sus proveedores que en sus afiliados.

Avangate
Pros:

- Cuando se trata de ventas de afiliados tanto para SaaS como para productos de software, Avangate es la solución ideal para usted.
- La vida útil de sus cookies es larga, abarcando alrededor de ciento veinte días.
- Ofrecen cupones únicos y tienen altas comisiones.
- Usted puede recibir fácilmente sus pagos a través de depósito directo, MasterCard o PayPal.

Contras:

- Usted no puede acceder a su efectivo si no es de hasta cien dólares.
- Las opciones de clasificación en el tablero no son muchas.
- Los informes ofrecidos no contienen mucha información.
- Su servicio al cliente no es muy bueno a veces.

Peerfly
Pros:

- Muchos afiliados están enamorados de sus servicios.
- Su UX/UI está fuera de este mundo.
- Dado que son veterinarios, los usuarios no tienen que preocuparse por los productos fraudulentos o el spam.
- El salpicadero es fácil de usar y eficiente.
- Puedes obtener tus ganancias cuando quieras a través de Bitcoin, Payoneer, PayPal, cheques, transferencia bancaria, y cuando quieras a través de las tarjetas de regalo de Amazon.

Contras:

- Usted no puede tener acceso a sus ganancias si no es de hasta cincuenta dólares.
- No tienen muchos productos.
- Obtener la aprobación toma algún tiempo.
- Su servicio al cliente no es rápido a veces.

Warriorplus

Pros:

- Usted puede ser aprobado fácilmente.
- Tienen una miríada de productos.
- Su funcionamiento es muy transparente.
- Las métricas que tienen sobre los proveedores son excelentes.
- Puede obtener sus ganancias inmediatamente a través de Stripe o PayPal.

Contras:

- Usted tiene que obtener la aprobación necesaria de cada proveedor.
- Tiendes a vender muchos productos que no son de alta calidad.

- Es posible que tenga que pagar reembolsos.
- Antes de que usted pueda ganar su primer diseño, debe haber vendido cinco productos.

Skimlinks
Pros:

- Tienen un servicio de atención al cliente increíble.
- Puede integrarlas fácilmente en su sitio web.
- Su interfaz es fácil de usar y eficiente.
- Sus enlaces a eBay y Amazon se dirigen automáticamente a la región adecuada.

Contras:

- No pagas ni un centavo para unirte, pero tienes que renunciar al veinticinco por ciento de cada comisión que ganas.
- Sólo puede acceder a sus ingresos una vez al mes.
- No hay muchos comerciantes.
- La integración del código de SkimLinks en su sitio web puede hacer que se cargue lentamente.

Target Affiliates
Pros:

- Esta marca tiene una gran reputación.
- Tienen más de un millón de productos.
- Es un sustituto impresionante para el programa de afiliados de Amazon.
- Si tienes éxito allí, ganarás mucho.
- Cada compra realizada desde su enlace le permite ganar dinero.

Contras:

- Usted no tendrá acceso a las comunas altas en tarifas si usted está comenzando.
- Algunos productos no vienen con ninguna comisión.
- Amazon ofrece una mejor tasa de conversión que ellos.
- Es ideal para aquellos sitios web que tienen mucha audiencia estadounidense.

ClickBank

Cuando se trata de programas de marketing de afiliados, este es uno de los mejores, ya que ha existido desde la creación de Internet.

Es venerado por muchos afiliados y viene con un mejor panel de control y proceso de investigación.

Pros:

- Puedes tener acceso a tus ganancias semanalmente usando cualquiera de las diferentes opciones de pago.
- Usted puede ganar mucho dinero a través de su programa de joint venture.
- Es uno de los mejores programas de afiliados conocidos por el hombre.
- Su proceso de aprobación es instantáneo.
- Tiene una política de reembolso de 30 días.

Contras:

- Su política de reembolso puede aumentar las tasas de conversión, pero puede afectar las ganancias de un afiliado.
- Hay muchos afiliados, lo que significa mucha competencia.
- Hay algunos productos de baja calidad.

- Los pagos iniciales se hacen por cheque, y no puedes optar por ningún otro método hasta después de algunos pagos.
- No hay muchos productos.

JVzoo

Pros:

- No tienes que pagar ni un centavo para unirte.
- Es ideal para nuevos productos.
- Usted no está obligado a ser dueño de un sitio web.
- Tienen una cantidad ilimitada de cookies.
- Sus productos son muchos y poseen mucha información sobre cada programa y comerciante que tienen.

Contras:

- Tienen mucha información y videos, pero se espera que usted haga un pago único para acceder a ellos.
- Algunos de sus productos son de baja calidad.
- Debes haber vendido unos cincuenta productos para tener acceso a los pagos instantáneos de Paypal.
- El tablero de instrumentos no es fácil de usar.
- Los anuncios del vendedor exageran mucho.

Rakuten

Pros

- Ofrece rotación de anuncios, lo cual es excelente para optimizar los anuncios.
- Le permite optar por la página a la que desea que se envíe el tráfico, lo que significa que predica la flexibilidad.

Contras

- No tiene una gran red.
- Los pagos hechos a los afiliados no son predecibles.

Viglink

Pros:

- Es ideal para todos los medios sociales, sitios web y aplicaciones.
- Su panel de control es fácil de usar y eficiente.
- Es impresionante para aquellos bloggers que necesitan un programa de afiliados más sin intervención manual.
- Si usted ha sido expulsado de programas de afiliados como Amazon, es una alternativa para usted.
- Le ayuda a aumentar sus ingresos actualizando sus enlaces.

Contras:

- Todo comerciante tiene que aprobarte.
- Usted mismo tiene que afinar la "creación automática de enlaces".
- Sólo puede acceder a sus ingresos una vez al mes.
- Se llevan una gran parte de la comisión.

Flex Offers

Pros

- Se le paga por referir a las personas.
- Una vez que te unes a Flex Offers, se te asignará un gestor de afiliados.
- Hay un montón de programas de afiliados aquí, que abarcan alrededor de quince mil.

Contras

- Si usted vive fuera de los EE.UU., sólo puede acceder a sus ganancias a través de PayPal.

CJ Affiliate
Pros

- Sus pagos son fiables y se pagan a tiempo.
- Disponen de opciones de generación de informes eficientes que pueden ayudarle a optimizar su rendimiento de ventas.

Contras

- No son fáciles de usar para los principiantes.
- Su servicio al cliente es limitado.

MaxBounty
Pros:

- Tienen un equipo de apoyo al cliente impresionante.
- Ellos ofrecen a sus afiliados un bono de mil dólares por ganar por lo menos mil dólares en sus primeros tres meses de afiliación.
- Ofrecen pagos semanales utilizando múltiples métodos como Bitcoin, transferencia bancaria, eCheck, PayPal, cheque, Intercash o ACH.
- Trabajan con grandes marcas.
- Su panel de control es fácil de usar y eficiente.
- Tienen ofertas con altas comisiones.

Contras:

- Algunos afiliados se han quejado de ellos.
- Su cuenta puede ser cerrada en cualquier momento sin previo aviso o explicación.
- El período de aprobación es largo.

Shareasale

Pros

- Tienen miles de comerciantes, y muchos de ellos son exclusivos.
- Sus ofertas son fuera de este mundo.
- Usted puede elegir fácilmente una oferta mirando sus métricas.
- Sus pagos se hacen a tiempo.

Conclusión

Cuando se trata de dominar el marketing de afiliados, es un arte que se aprende continuamente. ¿Por qué es así? Diariamente, se crean nuevas herramientas para ayudar a los vendedores afiliados en su búsqueda para ganar comisiones de la promoción de productos o servicios.

Para un vendedor afiliado que quiere tener éxito, la lectura debe ser una actividad que se lleve a cabo con regularidad.

La comprensión de la psicología de sus clientes potenciales es algo que un vendedor del afiliado debe tener bajo sus pulgares. ¿Cómo puede hacer que compren y convencerlos sin actuar con insistencia? Estas son las habilidades que usted debe acumular como afiliado si desea tener éxito.

Referencias

- Aleksandra (2019). Cómo construir una lista de correo electrónico para el marketing de afiliados. Obtenido de https://topoffers.com/blog/affiliate-tips/how-to-build-an-email-list-for-affiliate-marketing/

- Alton L. (2016). 4 Características que tienen en común las páginas de alta conversión. Obtenido de https://www.semrush.com/blog/4-characteristics-high-converting-landing-pages-have-in-common/

- Bredava A. (2018). Cuatro maneras en que los medios sociales pueden ayudar a su marketing dc afiliados. Extraído de http://blog.avangate.com/4-ways-social-media-can-help-your-affiliate-marketing-strategy/

- Dawn M. (2019). El Top 5 Fuentes de tráfico pagado para sus campañas de marketing de afiliados. Extraído de https://iamdawn-marie.com/paid-traffic-sources-affiliate-marketing-campaigns/

- Elfrink G. (2006). El modelo de negocio de marketing de afiliados explicado. Obtenido de https://empireflippers.com/affiliate-marketing-business-model-explained/

- Howard J (2007). Marketing de Afiliados: Métodos de compensación. Obtenido de http://www.b2bseo.com/31/affiliate-marketing-compensation-methods/

- Jamie S. (2019). Mejores Plataformas de Marketing de Afiliados. Extraído de: https://makeawebsitehub.com/affiliate-marketing-networks/

- Kater H. (2019). ¿Qué es High Ticket Marketing de afiliados y por qué usted necesita saber al respecto. Obtenido de https://www.tecatips.com/high-ticket-affiliate-marketing/

- Lake. L. (2019). Cómo crear un exitoso programa de marketing de afiliados. Obtenido de https://www.thebalancesmb.com/how-to-create-a-successful-affiliate-marketing-program-2294866

- Leong S. (2017). High Ticket Marketing de Afiliados. Obtenido de https://ngsoonleong.com/low-ticket-affiliate-marketing/

- Principal K. (2018). Cómo Crear una Página de destino en 8 Pasos. Obtenido de https://fitsmallbusiness.com/how-to-create-a-landing-page/

- Michael R. (2019). 14 Errores más comunes cometidos por los nuevos vendedores afiliados. Obtenido de https://www.affiliatemarketertraining.com/14-most-common-mistakes-made-by-new-affiliate-marketers/

- Mike N. (2018). Cómo crear un sitio web de marketing de afiliados. Obtenido de https://www.affiliatemarketertraining.com/how-to-create-your-first-affiliate-marketing-website/

- Morell. L. (2015). ¿Cuáles son los diferentes métodos de pago de los afiliados - y cuál es el mejor para usted? Obtenido de https://www.mycustomer.com/marketing/strategy/what-are-the-different-affiliate-payment-methods-and-which-is-best-for-you

- Ojear. S (2019). Cómo comenzar con el marketing de afiliados (La guía completa para principiantes) Extraído de http://www.locationrebel.com/how-to-start-affiliate-marketing/

- Socios. A. (2014). ¿Cómo funciona el marketing de afiliados? Obtenido de https://www.accelerationpartners.com/blog/affiliate-marketing-101-part-i

- Patel N. (2019). La guía definitiva para Crear Páginas de Alta Conversión. Obtenido de https://neilpatel.com/blog/the-definitive-guide-to-creating-high-converting-landing-pages/

- Patel. N. (2017). El marketing de afiliados hecho simple: Una guía paso a paso. Obtenido de https://neilpatel.com/what-is-affiliate-marketing/

- Perzynska K. (2017). Marketing de Afiliados: La lista definitiva de pros y contras. Obtenido de https://partners.livechatinc.com/blog/affiliate-marketing-pros-and-cons/

- Santana X. (2018). Los nichos más rentables para el marketing de afiliados. Extraído de: https://www.mobidea.com/academy/profitable-niches/

- Scott S. (2006). Lead Magnet; El Ingrediente Secreto de la Lista de Correo Electrónico. Obtenido de http://www.stevescottsite.com/create-lead-magnet

- Shabayeva A. (2017). Seguimiento de afiliados de varios niveles. Extraído de https://www.simtechdev.com/blog/multi-tier-affiliate-tracking/

- Shastry K. (2018). Cómo crear un programa de afiliados eficaz con Squeeze Pages. Obtenido de https://landerapp.com/blog/affiliate-program-squeeze-pages/

- Spilka D. (2019) Los 15 mejores sitios web y programas de marketing de afiliados para 2019. Extraído de: https://solvid.co.uk/top-affiliate-marketing-websites-and-programs/

- Zigma (2018). Todo lo que necesitas saber acerca del Marketing de Afiliados. Obtenido de https://moozthemes.com/all-about-affiliate-marketing/

www.ingramcontent.com/pod-product-compliance
Ingram Content Group UK Ltd.
Pitfield, Milton Keynes, MK11 3LW, UK
UKHW022226230426
12048UKWH00016BA/1080